_____ 님께

작은 마음이 큰 행동을 만듭니다.

쓴 저환

전문가로 거듭나는 실전 가이드

안경사의 기술

전문가로 거듭나는 실전 가이드

안경사의 기술

초판 1쇄 인쇄 2024년 4월 22일
초판 1쇄 발행 2024년 5월 8일

지은이 손재환

발행인 백유미 조영석
발행처 (주)라온아시아
주소 서울특별시 서초구 방배로 180 스파크플러스 3F

등록 2016년 7월 5일 제 2016-000141호
전화 070-7600-8230   **팩스** 070-4754-2473

값 29,500원
ISBN 979-11-6958-107-3 (13320)

라온북은 독자 여러분의 소중한 원고를 기다리고 있습니다. (raonbook@raonasia.co.kr)

실전 근무를 위한
기초핵심역량 트레이닝
30년 경력 안경사의 노하우!

전문가로 거듭나는 실전 가이드

안경사의 기술

손재환 지음

안경원 준비, 고객 만족
검안과 조제 및 가공, 피팅의
모든 것을 담았다

안경사로서
당신의 삶을 바꿔줄
멘토를 만나라!

안경원 근무 시 원활한 서비스와 소통능력,
협업, 고객관리 등 다양한 분야의 기초핵심역량 요구를 충실히 반영한
안경사 기초 트레이닝 지침서!

RAON
BOOK

RAON
BOOK

고객을 만족시키고
클레임 없는 안경사가 되길 바라며...

올해로 안경사 생활 34년째를 맞이한다.

30여 년 되돌아보면 수많은 일도 있었지만, 특히 생각나는 것은 나를 거쳐 간 직원들과의 기억이다.

젊었을 때 늦은 밤까지 새내기 안경사들을 교육했던 기억, 실수를 반복해서 혼냈던 기억, 나와 함께 오랫동안 근무한 직원, 입사 하루 만에 도망간 직원 등등 여러 안경사 선생님들과 함께 30여 년의 추억을 채울 수 있었다.

어느덧 내 나이가 50대 중반이 넘어가는 시기가 오니 문득 현재 안경사들에게 같은 길을 걷고 있는 인생의 선배로서 무언가를 가르쳐 주어야겠다는 생각이 들었다. 막연하게 안경 지식의 전달보다 30여 년 전으로 돌아가 아무것도 배울 방법이 없어 답답하고 안타까워했던 나 자신을 되돌아보며 '이제는 그런 안경사 후배들이 없었으면 좋겠다'라는 마음 하나로 이 책을 쓰게 되었다.

경력이 있는 신규직원을 채용해서 일을 시켜보면 시력검사, 안경의 조제, 피팅 등이 중구난방인 경우가 너무 많다. 40여 개의 안경광학과에서 다른 교수님들께 배워서 그러한 것도 아니고, 그동안 배워온 선배 및 안경원의 원장님의 안경처방 및 가공의 기준이 다른 것도 아닐 것이다. 다들 잘한다고 하는데 채용해서 지켜보면 기준과 원칙이 없는, 그냥 어깨너머로 배운 지식으로 안경업을 하는 것 같았다. 당연히 나 또한 젊었을 때 그랬었다.

대학교 졸업과 동시에 취직해서 아무것도 모르는 상태에서 일과 공부를 같이 시작했다. 2년제 대학을 다니다 보니 실습 한 번 제대로 못 해보고 취직을 했으니 오죽했겠나! 또한 그때 당시에는 안경광학과가 개설된 초창기여서 더더욱 참고할만한 다양한 교재도 없었고 실습은 더더욱 할 수 없었다. 그래서 취직하고 시력검사를 하나도 할 수 없었고, 조제도 전혀 못 하는 상태로 진땀을 빼며 근무했던 기억이 생생하다. 친구에게 전화해서 하나하나 물어보면서 했던 기억, 사장님한테 "학교에서 그런 것도 배우지 않고 뭐 했어?" 하면서 핀잔을 들었던 기억, 고객 앞에서 아무것도 할 수 없어서 눈치만 보던 기억, 고객 앞에서 실수해서 사장님한테 꾸중을 듣던 기억 등등 다시 생각해도 일이 힘들다기보다 답답한 마음을 해결할 마땅한 방법들이 생각나지 않았다.

답답한 안경원 생활을 하던 중 나는 우연한 생각으로 실습을 먼저 익히고, 그 이유가 무엇인지 책을 찾아보면 훨씬 이해가 빠른 경험을 하게 되었다. 이때부터 나는 거꾸로 실습을 먼저 마스터하고 그다음에 다시 학교 책을 보며 이론을 다시 공부했다. 실습을 먼저하고 책을 보니 훨씬 이해도 잘되고 빠르게 이론을 접목할 수 있었다.

현재 내가 운영하는 안경원(아이데코안경 의왕본점)에서 약 10명의 안경사 선생님과 함께 일을 하고 있다. 지금까지 수백 명의 직원이 나를 거쳐 갔고, 그때만큼은 최선을 다해 교육해서 배출했다. '내 밑에서 배운 직원들은 어디를 가도 일 잘한다는 소리를 들을 수 있도록 한다'라는 책임감을 갖고 직원들 교육에 힘을 쓰고 있다. 그때는 다들 힘들었지만 몇 년이 지나고 대표님께 잘 배웠다는 말을 들을 때마다 내가 가는 길이 맞다고 생각하며 다시금 힘을 내곤 한다.

이제는 그 대상을 내 직원이 아닌 안경사 후배들 전체를 위해 내가 30년 동안 경험하면서 느꼈던 것, 임상을 경험하며 깨달은 방법들을 세상에 공개하고자 한다. 학교에서 배운 이론과는 많이 다를 것이다. 또한 이 책에 언급된 방법들이 이론적인 측면으로는 틀릴 수도 있다. 이 책은 학교의 이론을 바탕으로 한 것이 아니고, 30여 년 수많은 손님을 응대하며 순수하게 내가 경험한 것을 바탕으로 기록하였다. 다소 이해가 안 되거나 이론에 맞지 않는다고 해서 비판하지 말고 '아! 이러한 방법도 있구나!, 고객의 입장에서 생각해보면 이 방법도 좋은 방법이구나!' 하는 관점으로 읽어주길 부탁한다.

현재도 매월 천명 이상의 고객을 맞이하면서 '고객을 만족시키며 클레임 없는 안경사가 잘하는 안경사'라고 외치면서 일하고 있다. 아무리 지식이 많고 경험이 많다고 해도 결국 고객을 만족시키지 못해 클레임이 발생한다면 실력 없는 안경사가 되고 만다.

이 책은 현재 내가 현장에서 직원들을 대상으로 교육하는 '고객을 만족시키며 클레임을 최소로 줄이는 방법'의 내용 그대로를 기록했다. 천천히 읽어보면 반드시 실력 있는 안경사가 되는 데 많은 도움이 될 것을 확신한다. 현재 일을 하면서도 이 기준과 원칙으로 고객을 응대하면서 성장하고 있다. 내가 성장하고 성공했던 것만큼 여러분들도 이 책을 통해 성공할 수 있는 좋은 기회를 얻을 것이라고 생각한다.

나는 빨리 성공하기 위한 비법은 '성공한 사람이 하는 것을 따라 하기'라고 항상 강조한다. 따라 하기만 해도 여러분들은 내가 30년 걸린 것을 한순간에 이 책 한 권으로 마스터 할 수 있다.

이러한 책을 쓸 수 있도록 나를 가르쳐 주고 일깨워준 예민한 고객들에게 진심으로 감사드리며 이 책을 바치고 싶다. 내가 이 세상에서 없어져도 이 책을 통해 목마른 초보 안경사가 안경을 알아갈 수 있다는 생각에 그동안 힘들고 답답했던 어려운 순간들이 한순간에 눈 녹듯 없어지는 것 같다.

한 번만 읽고 책을 덮지 말고 안경사 생활을 하며 항상 근처에 놓고 답답할 때마다 보기를 추천한다. 본인의 고객 만족의 관점, 경력, 궁금해하는 항목 등 여러 상황에 맞게 읽을 때마다 새로운 경험을 하게 될 것이다. 또한 한 가지를 이해하면 다른 것이 또한 연결되어, 전에는 이해하지 못한 내용을 이해하게 되는 기적을 보게 될 것이다. 부디 이해가 가지 않고 내용이 이론과 달라 혼란스럽다고 하더라도 몇 번에 걸쳐, 몇 년에 걸쳐 꾸준히 읽어보긴 권한다.

안경 일을 할 때 안경사의 기준과 처방의 철학도 필요하지만, 우선순위는 항상 고객 만족이 우선이다. 어려움과 답답함에 힘들어도 좌절하지 말고 항상 조금씩 꾸준히 노력하여 성공에 한 발 다가가는 안경사 선생님들이 되시길 바란다. 모든 안경사 선생님들을 응원하며 항상 행운이 가득하기를 기도드린다.

안경사 우 저환

Contents

Chapter.1

안경원 준비와 고객만족 서비스

Chapter. 2

검안 (시력검사)

Chapter. 3

조제 및 가공

Chapter. 4

피팅

Chapter. 5

부록

자신이 하는 일을 사랑하지 않으면 그 일을 해내는
최상의 방법을 발견할 수 없다.

-일본 속담-

단순히 경청하는 것만으로는 많은 것을 이룰 수 없다.
고객에게 당신이 경청했다는 것을
느낄 수 있게 해주어야 한다.

-데이비드 래덕/암달사 부사장-

중요한 것은 고객을 분노시키는 큰 문제가 아니라
고객을 짜증나게 만드는 작은 일이다.

-얼 플레처/경영 트레이너-

Chapter.1

안경원 준비와
고객만족
(Customer Satisfaction)
서비스

1. 안경원 고객만족
(CS, Customer Satisfaction)

👓 1.1 고객 만족 서비스란?

고객 만족 서비스란 고객 만족을 목표로 하는 경영방식으로, 예전 경영이 추구하였 던 매상고(매출)나 이익 증대 같은 목표와는 달리, 고객에게 최대의 만족을 주는 것에서 기업의 존재 의의를 찾으려는 경영방식을 의미한다.

안경원도 하나의 기업이라고 생각한다. 비록 안경원을 경영하는 안경사의 경영 철학 이 각각 다르겠지만, 누구나 높은 매출과 높은 고객 만족을 원할 것이다.

작은 안경원 또는 소규모 예약제로 운영하는 안경원의 경우 고객에게 응대하는 시간 이 길어 대부분 고객은 안경 맞춤 서비스에 만족하겠지만, 대형 안경원 또는 안경 프랜 차이즈의 경우 짧은 응대 시간 때문에 높은 만족을 요구하는 고객에게는 불만이 생길 수밖에 없을 것이다.

장기적으로 보면 매출은 고객 만족 서비스가 높아지면 자연스럽게 높아질 수밖에 없다. 어떤 것을 주력으로 신경 쓸지는 안경원 원장의 경영 철학에 따라 다르겠지만, 결 코 어떠한 항목보다 중요하며 놓치지 말아야 할 것이 바로 '고객 만족 서비스'이다.

👓 1.2 고객 만족 서비스의 중요성

앞에서도 말했듯이 안경원의 경영 철학에 따라 고객 만족 서비스가 우선일지, 높은 매출이 우선일지는 각각 다를 수 있다. 또한 매출은 고객 만족 서비스가 높아지면 자연스럽게 높아질 수밖에 없다고 하였다. 이러한 장사(안경원 경영)의 섭리를 누구나 알고 있지만, 막상 현실에서는 이성적으로 적용하기가 쉽지 않다. 일이 바쁘고 힘들면 막상 내가 또는 우리 직원이 고객 서비스가 부족한 것을 알면서도 지도하기가 쉽지 않고(잔소리 같기도 하고, 감정적인 싸움이 하기 싫어서), 항상 부족한 매출은 홍보가 미흡하거나 상품의 가격 이점(또는 할인율)이 없어서 그런지 고민한다.

고객이 만족하도록 마음을 다해 노력하면 결국 나중에 매출이 증가하는 것은 비즈니스의 섭리이다. 이러한 섭리를 잊지 않도록 고객 만족이 필요한 이유에 대해서 다음의 항목들과 그림으로 나타내었으니 안경원 경영을 할 때 자주 표를 보면서, 매출에 문제가 있을 때 여러 문제점이 있겠지만 그중에 가장 중요한 것 중의 하나가 '고객 만족 서비스'라는 것을 상기하자.

전반적인 안경원의 서비스를 만족한다면 다시 재구매로 이어져 고정고객이 확보된다. 이러한 고정고객은 충성고객으로 주변 지인들에게 입소문을 내주고, 신규고객이 늘어나 결국 매출 증가로 이어진다. 서비스 만족 시 매출 증가에 연계되는 과정들의 흐름을 보면 다음과 같다.

〈안경원 서비스 만족이 매출 증가에 영향을 주는 5단계 과정〉

1단계 : 서비스 만족을 통해 재구매로 이어진다.

2단계 : 재구매가 지속되면 고정고객이 확보된다.

3단계 : 주변에 좋은 구전(입소문)이 전파된다.

4단계 : 좋은 구전은 신규고객 창출에 도움이 된다.

5단계 : 고정고객 확보와 신규고객 창출로 매출이 증대된다.

▼ 고객만족이 필요한 이유

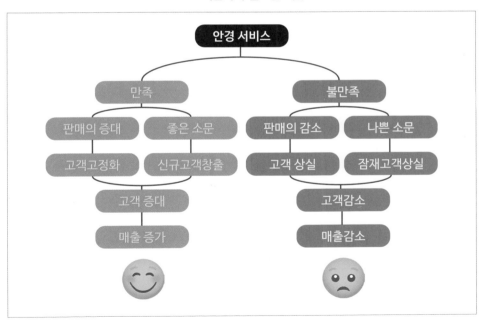

▱▱ 1.3 고객 만족 서비스 십계명

고객 만족 서비스는 서비스업을 하는 사장과 직원들의 행동에서 기본 중에 기본이다. 의식하고 행동하면 너무 어렵고 스트레스를 받지만, 꾸준히 노력하다 보면 나도 모르게 숙련되어 자연스럽게 할 수 있고, 자주 고객님들께서 만족하셔서 칭찬받는 경우를 경험하게 된다.

안경원을 근무하면서 고객 만족 서비스에 대해 좋은 명언들을 모아 십계명을 만들어 직원들 업무매뉴얼에 넣어주고 조회 시간이나 시간이 날 때마다 서로 같이 한 번씩 읽어본다. 특히 고객과의 언쟁이 있거나 고객 만족을 시키지 못해 화를 내며 그냥 나가는 사람들의 뒷모습을 보면 속상하겠지만, 그때 다시 한번 '고객 만족 서비스 십계명'을 읽어보면서 나의 잘못된 부분을 되짚어 본다.

모든 고객을 만족시킬 수는 없겠지만, 그래도 다음번에는 똑같은 실수를 하지 말아야 한다는 생각으로 고객 만족 서비스에 임해보자.

The '10

고객 만족 서비스 십계명

① 고객은 항상 옳다. 고객의 관점에서 이해하고 노력하라.

② 고객이 말하는 바가 무엇인지 이해하라.

③ 인내심을 갖고 끝까지 경청하라.

④ 밝은 미소로 시작해서 감동으로 완성하라.

⑤ 객관적인 입장에서 본인의 감정을 말하지 말라.

⑥ 고객의 불평을 가로막지 말라.

⑦ 고객을 평가하려 하지 말고 가르치려 하지 말라.

⑧ 고객은 나에게 가장 중요한 재산이다.

⑨ 현재의 불만 고객을 미래의 충성고객으로 만들기 위해
노력하라.

⑩ 고객 감동은 생각이 아닌 실천에서 이루어진다는
사실을 기억하라.

2. 안경원 근무지침

👓 2.1 마음 가다듬기

하루를 시작하는 아침은 정말 소중한 시간이다. 자신을 준비하는 시간이 될 수도 있고, 오늘 일정을 계획할 수도 있고, 오늘 출근해서 나의 시력 관리 서비스를 받을 어떤 손님이 오게 될지 희망 가득한 생각을 할 수 있는 중요한 시간이다. 하지만 수많은 직원을 지켜보면 프로페셔널하게 자기관리를 하는 직원은 드문 것 같다.

대부분의 안경원은 저녁 8시~9시쯤 문을 닫게 되는데, 이후 직원들과의 회식 또는 모임으로 저녁 늦게까지 개인 활동을 하고 아침에 힘든 표정과 지치고 피곤한 얼굴로 출근 시간에 딱 맞춰 출근하는 직원들을 자주 볼 수 있다. 이러한 모습을 보면 '안경원에 쉬러 왔나?', '이래서 제대로 된 서비스를 고객에게 제공할 수 있을까?' 하는 생각도 들고 사장과 직원 서로가 불편한 안타까운 생각이 아침부터 들곤 한다.

프로페셔널한 직원이라면 출근을 하면 항상 같거나 더 나은 서비스를 제공하기 위해 자기관리를 철저히 해야 한다고 생각한다. 전날 무리하게 모임을 하거나 술을 마신 상황에서 일하게 되면 에너지도 없고 표정부터 밝지 못해 고객도 불편하고, 고객 처지에서는 '이 안경이 나에게 잘 맞을까? 직원이 검사를 잘하지 못하나?' 온갖 고민과 의심을 할 수 있다. 따라서 적당한 자기관리와 특히 아침을 시작할 때 좋은 습관을 미리 갖는 것이 중요하다고 생각한다.

많은 책에서 방법을 알려주고 나 또한 직원일 때부터 지금까지 사용하는 방법으로 아침에 일어나면 활기찬 음악을 틀고, 가볍게 스트레칭 또는 운동을 하거나, 큰소리로 거울을 보고 인사 연습을 하며 마인드 컨트롤을 하고, 출근해서는 직원들과 함께 서로 한 가지씩 칭찬하며 자연스럽게 웃으며 업무를 시작하는 간단하면서도 좋은 습관을 갖는 것이 중요하다. 이러한 습관들은 하나씩 쌓여 오늘의 성공을 예약하고, 이러한 습관을 갖게 된다면 안경사로서 미래의 성공을 확신할 수 있을 것이다.

안경원에서 아침 회의 때 직원들과 함께 하루를 시작할 때 마인드 컨트롤에 도움이 되는 문장을 매뉴얼에 넣고 한 번씩 읽고 업무를 시작하고 있다. 여러분들도 소중한 아침 시간에 자기관리를 철저히 해서 성공의 확신이 있고 인정받을 수 있는 즐거운 안경사 생활이 되기를 바란다.

〈 성공을 위한 아침 한 줄 마인드 컨트롤 〉

- 마음의 여유를 갖자.
- 거울을 보고 웃는 연습을 하자.
- 내 일은 늘 새로운 일이라고 생각하자.
- 고객을 내 가족이라 생각하자.
- 이왕 하는 일 '잘해보자'고 생각하자.
- 근무 전날 과음, 무리하지 말자.
- '내가 제일 잘한다'고 생각하자.

⬯⬯ 2.2 인사

① 인사의 중요성

인사는 '인(人)+사(事)'로 결합된 의미로 '사람으로서 해야 하는 일'을 뜻한다. 즉, 예절의 기본이며 인간관계의 시작이다. 또한 인사는 말과 함께 몸으로 하는 행위이다. 자신의 내면적 가치를 존중받고 싶다면 먼저 상대방을 존중하는 마음을 행동으로 표현해야 한다.

안경원에서도 마찬가지다. 고객이 안경원에 들어오면 가장 먼저 해야 할 것은? 바로 '인사'다. 그냥 형식적인 인사가 아니고, 인사를 '잘해야' 한다.

보통 안경원에서는 "반갑습니다. ○○○안경원입니다."라는 용어를 사용한다. 여기서 중요한 것은 대부분 안경사는 바로 "무엇을 도와드릴까요?"로 넘어간다는 점이다. 그런데 고객 입장에서 생각을 한번 해보자. 이렇게 바로 "무엇을 도와드릴까요?"라고 시작하면 너무 장사 느낌을 줄 수 있다. 가끔 "안경원에 안경 하러 왔지 뭐하러 올까 봐?"라고 반문하는 고객도 있다. 나는 이런 경우에 "반갑습니다. ○○○안경원입니다."라고 하고 **"안녕하세요!"**라는 멘트를 반드시 하라고 교육시킨다. 이렇게 하면 "안녕하세요!"라는 짧은 말 한마디에 경계가 무너진다(보이지 않는 관계가 형성된다). 그 다음에 본론인 "무엇을 도와드릴까요?"라고 물어보면 먼저 인사를 했기 때문에 거부반응이 훨씬 줄어든다.

옛날 일화 속에, 자식이 두 명이 있었다고 한다. 큰형은 공부를 잘해서 날마다 칭찬을 들어 아버지가 큰 걱정을 하지 않았다. 하지만 동생은 공부도 못하고 머리도 좋지 않은 것 같았다. 그래서 아버지가 동생을 어떻게 키울까 걱정이 많았다. 아버지는 동생에게 앞으로 지나가는 사람들마다, 만나는 사람들에게 무조건 허리를 90도 숙이고 큰 소리로 "안녕하십니까!"라고 인사를 하라고 했다.

공부는 안해도 된다는 소리에 작은 아들은 신나서 지나는 사람들마다 아버지가 시킨대로 "안녕하십니까"라고 정중하게 인사만 했다. 아들이 성장해서 어른이 되어서도 그것이 습관이 되어서 누구를 만나도 인사를 했다. 만나는 사람이 처음에는 이상하게 생각했는데 만날 때마다 항상 예의 바르게 인사를 하는 것을 보고 그 사람에 대한 믿음과 신뢰가 생겼다. 그러던 어느 날 큰 회사의 회장이 그 동생 얘기를 듣고 우연하게 만날 인연이 생겼다. 회장이 그 아들을 보는 순간 저 정도면 어떤 일을 맡겨도 되겠다는 생각을 가지게 되어서 그 아들을 채용해서 큰 일을 맡겼다는 얘기가 있다. 머리가 좋은 형도 공부를 열심히 해서 훌륭한 사람이 되었고, 동생은 공부를 못했지만, 인사만 잘해도 성공할 수 있었다는 얘기이다.

여러분이 사회에 나가면 많은 사람을 만날 것이다. 좋은 이미지를 남기는 것도 중요하다. 그 이미지 형성에 가장 좋은 방법의 하나가 인사다. 인사를 절대 가볍게 여기지 마라. 인상의 중요성은 아무리 강조해도 지나치지 않는다. 인사는 그 사람의 됨됨이를 측정할 수 있는 척도이다. 인사를 잘하는 방법에 대해서 항상 연구하고 개발하자.

② 인사의 중요 포인트

이런 인사 OK!	이런 인사는 안 돼요!
1) 인사는 내가 먼저 한다. 2) 상대방의 눈을 보며 한다. 3) 밝은 표정과 명랑한 목소리로 한다. 4) 정성을 담은 겸손한 허리 인사를 한다. 5) 상황에 알맞은 인사를 한다.	1) 할까 말까 망설이는 인사 2) 고개만 까닥하는 인사 3) 무표정한 인사 4) 눈 맞춤 없는 인사 5) 분명하지 않은 형식적인 인사

③ 인사의 종류(목례 / 보통례 / 정중례)

인사의 종류	방법	인사를 하는 상황 및 예시
목례 15도 인사 가장 가벼운 인사	약 15도 3 ~ 3.5m	• 인사 후에도 자주 만나는 경우 시행. • 복도 등 협소한 장소에서 마주칠 때 "실례합니다." 등의 말과 함께 시행 • 고객을 기다리게 할 때 "죄송합니다.", "잠시만 기다려주시겠습니까?" 등의 말과 함께 시행. • 다른 일을 하는 중 고객 입장 시 시행.

보통례 30도 인사 일반적인 인사 일반 인사	약 30도 2~2.5m	• 고객 입장 시 일반적인 인사 자세로 "반갑습니다. ㅇㅇㅇ안경원입니다." 멘트와 함께 시행.
정중례 45도 인사 감사 또는 사과 인사 배웅, 사과	약 45도 1~1.5m	• 고객 퇴장 시(배웅 시) "감사합니다. 안녕히 가세요" 멘트와 함께 시행 • 고객에게 사과해야 할 경우 "죄송합니다." 멘트와 함께 시행

④ 안경원에서 상황별 인사법

구분	인사 용어	인사 예시
맞이 인사	반갑습니다. ㅇㅇㅇ 안경원입니다!	• "반갑습니다"를 먼저 외치고 "ㅇㅇㅇ 안경원입니다." 라는 멘트와 함께 보통례를 한다. • 다른 고객을 응대 중이거나 업무를 보는 중 고객이 입장하면 멘트와 함께 목례를 한다. • 고객과 눈을 맞추고 미소 띤 얼굴로 인사한다. • 고객이 두리번거릴 경우에는 인사 후, "무엇을 도와드릴까요?"하고 먼저 다가간다.
배웅 인사	감사합니다. 안녕히 가세요.	• "감사합니다. 안녕히 가세요." 멘트와 함께 정중례를 한다. • 가능하다면 출구의 문을 열어 드린다. • 고객이 뒤 돌아볼 것을 염두하고 3~5초 정도 고객을 바라본다. • 상황에 맞게 인사 멘트를 적용한다. • "감사합니다. 즐거운 하루 보내세요." • "감사합니다. 편안한 밤 되세요." • "전화를 드릴 테니 편한 시간에 방문해 주세요."

⑤ 기본 인사 3단계

안경원 아침 미팅 시간에 직원들과 함께 서로 마주 보고 연습하는 아침 인사 방법이 있어 소개한다. 모든 서비스업에 관련된 기업들이 아침 미팅, 일 시작하기 전에 꼭 연습하는 방법이기 때문에 여러분이 운영하거나 근무하는 안경원에서도 상황에 맞게 변형하여 고객 서비스의 수준을 일정하게 유지하기 위해 꾸준히 관심을 두기를 바란다.

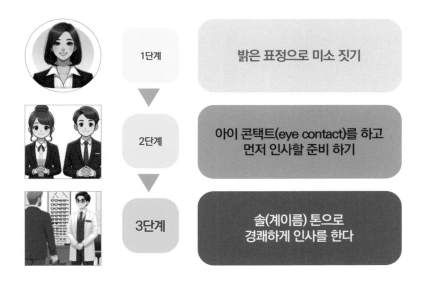

○○ 2.3 용모 및 복장

① 용모 및 복장의 기준

용모와 복장을 단정하게 하는 것은 상대방에게 좋은 인상을 주기 위한 배려이며, 나아가 상대에게 경의를 표하는 뜻이 되기도 한다. 특히 안보건을 책임지는 안경사로서 전문가적 이미지 전달을 위해서는 용모와 복장을 단정하고 깔끔하게 관리하는 것이 중요하다.

안경사는 전문직인데 요즘 보면 자유 복장으로 근무하는 경우를 많이 본다. 매장의 특성상 자유롭고 캐주얼하게 입고 일하는 경우도 있을 수 있다. 하지만 대부분 매장은 복장이 너무 일반 상품 판매사처럼 느낄 수 있는 것이 흔하다. 일반 옷가게에서 일하는 사람의 복장과 백화점의 전문매장에서 근무하는 복장과는 차이가 많다. 직접 한번 체크해 보라. 분명히 여러분도 느낄 수 있을 것이다.

나는 개인적으로 안경사의 복장은 깔끔하고 정갈한 느낌의 복장을 원한다. 그래서 안경원에서 근무할 때 나의 복장은 흰색 와이셔츠에 정장 스타일 옷을 입고 일을 하고, 마찬가지로 직원들도 통일되게 복장을 권장한다. 직원 입장에서 보면 부담이 되고 불편할 수도 있지만 고객 입장에서 보면 그 반대의 현상이 일어난다.

고객들에게 이 안경원에 오면 뭔가 전문가적인 느낌이 들고 신뢰가 간다는 말을 자주 듣는다. 고객들이 이때까지 느껴보지 못한 안경원의 느낌이라서 이렇게 말하는 것 같다. 우리는 고객의 마음을 움직여야 되는 직업이므로 고객에게 신뢰를 주는 방법이 있다면 무조건 찾아서 해야 한다고 생각한다. 비싼 옷을 입지 않아도 된다. 하지만 우리는 고객을 마주하는 직업이므로 복장은 청결하고 깔끔하게 입어야 한다. 편하다고 같은 옷을 일주일 또는 어떤 직원은 한 달 동안 입는 경우도 많다. 사람은 상대를 평가할 때 외모로도 평가하지만, 마찬가지로 복장으로도 평가를 하는 편이다. 안경사는 장사꾼이 아니고 전문가다. 전문가는 전문가다운 복장이 필요하다고 생각한다. 그래서 나는 안경원 직원들에게 그 자부심을 지키고 자기 자신을 위해 받은 월급의 5~10%를 나의 외모와 외관을 위해서 투자하라고 권하고 있다. 또한 1년에 2회 정도 옷을 구매하도록 지원하고 있다.

우리는 고객들의 시력을 관리하고 눈을 담당하는 준 의료인이자 전문가다. 절대 잊지 말자. 우리는 장사꾼이 아니라 눈을 관리하는 전문가이다. 전문가라면 말만 하는 것이 아니다. 내가 스스로 나한테 투자할 수 있는 생각과 습관이 필요하다. 어떤 직원은 담배를 피우고도 손을 닦지 않거나, 양치하지 않거나, 향수를 뿌리지 않은 채 고객 응대를 하는 일도 있다. 고객 측면에서 보면 얼마나 우리 안경사들을 우습게 알겠는가?

실제 현재 안경사 중에서 복장에 대해 신경 쓰는 안경사들이 많이 없는 것 같다. 직원을 채용해서 일해보면 안타깝다. 자기 자신한테 투자할 수 있는 안경사가 되길 바란다. 안경사에게 맞는 복장에 신경 써서 진정한 전문가다운 느낌을 만들어라. 말로만 전문가라고 하지 말고 전문가다운 행동을 해야 진정한 전문가가 될 수 있다. 앞으로 안경사 생활을 하는 동안에 꼭 기억하고 명심해서 복장에 대해서 신경 쓰는 안경사가 되었으면 하는 바람이다.

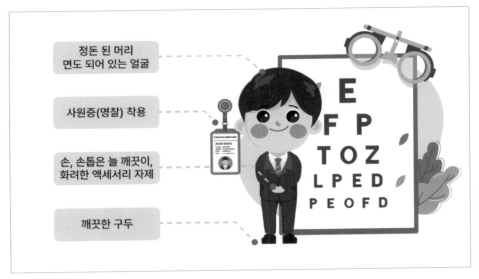

▲ 용모 및 복장 예시

② 용모 및 복장 점검 사항

항목	기준	주의사항
머리	• 단정하고 깔끔하게 • 정돈되어있는 머리	지나치게 밝은 염색 또는 요란한 파마는 자제
얼굴	• 남자 : 면도가 되어 있는 얼굴 • 여자 : 생기 있어 보이는 입술	지나치게 강한 색조 화장
사원증 (명찰)	사원증(명찰)은 반드시 착용	사원증이 불편하다면 자체적으로 명찰을 제작하여 착용
손. 손톱	손으로 피팅을 하기 때문에 관리 필요	• 손톱 길이가 너무 길지 않을 것 • 담배냄새가 손에 배지 않도록 주의
복장 및 신발	• 깨끗하고 단정하게 착용 • 정장 또는 비즈니스 캐주얼 착용	• 운동복, 등산복 착용 자제 • 화려한 운동화 또는 슬리퍼 착용 자제

③ 단정한 용모 & 복장의 올바른 예시

▼ 남자 안경사

▼ 여자 안경사

👓 2.4 행동 기준

① 대기 자세

올바른 대기 자세	피해야 하는 대기 자세
• 입구 또는 접수대에서 대기한다. • 머리, 어깨, 허리를 일자로 서 있는다. • 정 위치를 지키고 전방 좌우로 고객 또는 진행되는 일들을 살펴본다.	• 접수대에 팔을 기대고 허리를 굽혀 이야기하지 않는다. • 기둥이나 벽에 기대어 서지 않는다. • 뒷짐, 팔짱, 다리를 꼬는 자세를 하지 않는다. • 고객이 있을 때 직원들끼리 사담을 나누지 않는다.

② 접객

• 고객과 가까이 있는 직원이 먼저 고객을 응대한다.

• 고객이 정문을 통과할 때 진행 중인 업무를 멈추고 일어서 있는 자세로 인사한다.

• 안경원의 운영 방침에 맞게 인사 또는 인사 후 멘트를 다 같이 복창한다.

③ 계산

• "계산 도와드리겠습니다. ○원입니다."라는 멘트와 함께 응대한다.

• 카드 계산 시 일시불 / 할부 여부를 문의한다.

• 고객이 건네는 현금 또는 카드를 주고받을 때 주의한다.

• 고객 앞에서 금액과 구매한 물건을 다시 한번 확인한다.

• 숫자, 문자, 장소 등은 바르게 정자로 쓰고 복창하여 다시 한번 상기시켜드린다.

④ 배웅

• 고객이 잊은 물건이 없는지 확인한다.

• 바쁘지 않을 때는 문을 열어 배웅한다.

• 맞이 인사의 보통례(30도 인사)보다 배웅 인사는 정중례(45도 인사)로 한다.

• 어느 정도 친밀감이 생겼으므로 친한 친지나 가족처럼 인사를 한다.

⑤ 보행

보행 방법	보행 시 주의 사항
• 고객에게 방해가 되지 않도록 빠른 걸음으로 지나간다. • 부득이한 경우를 제외하고는 앞을 가로질러서는 안 되며, 반드시 지나가야 할 때는 가볍게 머리를 숙이며 "실례합니다."라는 말과 함께 신속하게 지나간다.	• 되도록 뛰지 않는다. • 주머니에 손을 넣고 걷지 않는다. • 팔짱 및 뒷짐을 지고 걷지 않는다. • 큰 소리로 이야기하며 걷지 않는다. • 고객과 몸이 스치지 않도록 한다. • 신발을 끌지 않는다. • 항상 바른 걸음으로 보행한다.

⑥ 검안실 응대

- 검안실로 이동 시 "검안실로 안내하겠습니다."라는 멘트와 함께 손짓으로 이동 방향을 제시한다.
- 고객이 앉을 자리를 손짓과 함께 안내하고, 고객이 먼저 착석 후 안경사가 앉도록 한다.
- 상황에 맞게 고객이 소지품을 보관할 수 있도록 장소를 제공하고 안내해주도록 한다.

2.5 청소

① 쇼윈도우, 쇼케이스, 바닥 청소하기

- 마른걸레와 윈덱스
- 바닥은 퇴근할 때 청소하는 것도 좋은 습관

② 기계 및 조립실 청소하기

- 작업공간에 이물질, 잔여물(나사 조각)이 있는지 확인해 잘 치워야 함
- 검안기의 경우 특히 청결을 유지(턱 닿는 부분)

③ 콘택트렌즈실 청소하기

- 안경원에서 유일하게 시술하는 느낌이 드는 곳
- 거울은 얼룩지기 쉬우므로 사용하고 나면 꼭 깨끗하게 닦아야 함

④ 안경원 주변 청소

- 안경원 주변을 청소하는 것은 하나의 훌륭한 퍼포먼스
- 주변 고객들에게 이 안경원이 또는 내가 얼마나 부지런하고 열심히 준비하는지 보여줄 수 있다.

2.6 제품진열 및 정리

- 흐트러진 안경테에는 손이 잘 가지 않는다.
- 일자형으로 반듯하게 정리
- 수입 고가의 경우 적은 수량, 볼륨 있게 세우거나 45도로 기울이는 것도 좋다.
- 90도(세로)로 제품 진열은 불안한 심리를 갖게 되어 금물
- "보기 좋은 떡이 먹기도 좋다", 깨끗하고 정리 정돈이 잘 되어 있어야 손이 간다.
- 콘택트렌즈, 약품, 케이스, 커피, 녹차, 컵 등 가지런히 진열 정리

2.7 주문하기

- 고객과의 약속이기 때문에 정확하지 않으면 반드시 실수가 있을 수 있다.
- 기간, 금액, 도수 등 정확하게
- 고객이 찾으시는 제품이 품절된 경우 즉시 고객께 연락하여 조율

👓 2.8 수리보내기

- 고객은 참을성이 별로 없다.
- 수리대장 꼭 작성
- 되도록 약속일 이전에 도착해서 연락 드리는 것이 좋다.
- 기간이 늦어질 것 같으면 사전에 꼭 어느 단계인지 안내 연락을 드려야 한다.
- 책임/의무/권한 : 담당자가 꼭 체크해야 함

👓 2.9 상품지식 익히기

- 자신 있는 제품 권유를 위해서는 상품에 대한 정확한 지식이 필수
- 안경렌즈, 안경테, 선글라스, 콘택트렌즈, 약품 등에 관련된 전문 지식
- 최신 트렌드
- 명품브랜드(안경테, 선글라스)
- 안경렌즈(회사별, 종류별)
- 안경테 소재

3. 고객 응대

고객 응대 경험이 적은 안경사 초보자, 신입자들은 고객이 나한테 오지 않았으면 하는 생각들을 자주 하게 되어 있다. 또한 고객의 전화 받기를 꺼리고 전화벨 소리에 가슴이 두근거릴 수도 있다. 나 또한 그랬고 아직 준비되지 않은 안경사에게는 당연한 생각일 것이다. 그 이유는 군대에 가면 이등병처럼 선임병의 말이 무슨 의도인지, 무슨 말을 하는지 정확하게 파악하지 못하는 두려움 때문에 그러할 것이다.

앞에서도 언급했듯이 안경원은 전문지식을 활용한 서비스업이라고 했다. 서비스업을 위해 근무하는 직원인데 본인에게 고객이 오지 않았으면 하는 바람은 초보자여서 그럴 수도 있지만, 아직 체계화된 고객응대 훈련이 되지 않았다는 것을 의미한다. 많은 대기업의 서비스업, 예를 들면, 백화점, 카페 등은 고객응대 매뉴얼을 숙지하고 응대 시뮬레이션 훈련 후 실무에 투입되게 된다. 하지만 안경원에서 처음 취직하여 근무하게 되는 초보 안경사들은 안타깝게도 이러한 교육을 받지 못한 채 현장에 투입되게 된다.

초보 안경사 입장에서도 그렇고, 초보 안경사를 고용한 원장님 입장에서도 그렇고 참으로 안타깝다. 대학교에서도 전문지식뿐만 아니라 서비스에 관련된 내용을 많이 다루는 교육과정이 필요하고, 또한 졸업하고 나서도 안경사들이 꾸준히 자기 발전을 위해 노력하는 자세가 필요하다. 또 현장에서도 배움을 원하는 안경사에게 다방면으로 도움을 줄 수 있는 교육원이 많이 생기고 서로가 꾸준히 노력한다면 이러한 문제점도 해결되고 고객들이 안경사와 안경원을 바라보는 의식도 개선될 거라 확신한다.

안경원에서의 고객응대는 어렵지 않고 단순하다. 매뉴얼과 절차에 따라 접근하여 응대를 하면 된다. 고객은 안경원에 어떠한 목적, 욕구, 니즈(needs)를 가지고 방문하게 되어 있다. 새로운 안경을 맞추기 위해, 콘택트렌즈를 구입하기 위해, 안경테 AS를 받기 위해, 간단히 피팅서비스를 받기 위해, 어떠한 사유로 환불을 받기 위해 등 여러 가지 목적을 가지고 안경원에 방문을 한다. 이때 정확한 절차에 맞게 응대를 하여 처리하면 되지만, 초보자들은 지레 겁부터 먹고 고객에게 다가가지 못하는 것이 사실이다. AS, 환불 고객의 경우에는 방문할 때부터 소리를 치는 경우가 많아 초보자들의 경우 더욱 어려울 수 있다.

경험이 쌓이면 자연스럽게 해결되겠지만, 내 안경원에서 사용하는 고객응대 절차를 같이 소개하고자 한다. 다음의 그림은 안경원에서 고객 응대 절차를 5단계로 구분해 놓은 것이다. 안경사 초보자 또는 신입자 분들도 다음의 표에 맞게 몇 번 정도 다양한 상황에 맞는 시뮬레이션을 해본다면 고객 응대에 자신감이 생길 것이다.

이어서 이 장에서는 다양한 고객 응대에 대해서 다뤄보고자 한다.

고객 응대 절차 5단계

1 맞이
- 1단계 : 맞이하는 단계
- 밝은 표정으로 미소 지으며 인사하기

2 경청
- 2단계 : 고객확인 및 용건의 청취
- 고객의 소리에 경청하기

3 판단
- 3단계 : 판단하는 단계
- 고객 니즈(needs)를 만족하는 최선의 해결책 찾기

4 처리
- 4단계 : 처리하는 단계
- 고객의 니즈 처리(예: 가벼운 원형 안경테 선택)

5 확인
- 5단계 : 만족의 확인
- "고객님, 더 필요하신(궁금하신) 사항은 없으십니까?"

3.1 기본응대

많은 안경사를 고용해서 같이 일해보면 의외로 기본적인 인사법이나 응대 요령을 잘 모른다. CS 교육을 해도 그때뿐이고 CS 교육 내용 역시 너무 교과서적이고 정적인 교육이다. 우리의 현실은 사람들이 실무에서 사용되고 활동적으로 이루어지는 고객 응대가 필요하다. 나는 절대 로봇처럼 정형화 된 고객 응대나 CS를 하지 말라고 교육한다.

많은 강사가 CS의 중요성을 강조하고 교육을 한다. 하지만 온종일 서서 근무하는데, 직원들도 사람인데 어떻게 항상 웃으면서 고객 응대를 하겠는가? 아주 특별한 타고난 사람 몇몇을 제외하고는 현실적으로 거의 불가능하다. 이론적으로는 웃어야 하는 줄 알지만, 막상 오후가 될수록 체력적인 한계점에 도달하면 고객 응대가 급격하게 떨어진다. 그래서 내가 생각하는 매장에서의 고객 응대는 표정보다는 목소리

강조를 하는 편이다. 표정 관리는 어렵지만, 상대적으로 목소리는 쉬운 편이다. 목소리는 그 사람을 대신하는 기이고 힘이자 에너지이다. 그 에너지를 잘 활용하면 좋은 고객 응대로 출발할 수 있다. 특히 초보일수록 목소리에 대해 신경을 쓰고 연습해야 한다.

군대에 가면 이등병에게서 느낄 수 있는 군기가 충만한 군인의 목소리를 생각해 보자. **서비스업의 경우 목소리는 항상 솔(계이름) 톤으로 하는 것이 좋다.** 활기찬 목소리는 매장과 고객에게 새로운 느낌으로 활동적이고 동적인 느낌으로 변한다. 자기 자신의 목소리에서 느낄 수 있는 에너지 즉, 기운을 업그레이드 할 수 있도록 연습하자. 낮은 목소리의 "안녕하세요, 고객님."과 솔 톤의 인사 목소리는 천지 차이다. 인간은 목소리로 사람들과 소통한다. 하지만 목소리의 높낮이에 따라 소통의 결과도 다르다고 생각한다. 초보일 때는 업무를 잘할 수 없다. 하지만 목소리는 초보와는 상관 없다. 현장에 나가면 활기찬 목소리를 낼 수 있도록 연습하자. 이것이 고객 응대의 기본이고 원칙이다. 이것만 잘해도 성공할 수 있는 확률이 높아진다. 직원 중에 이런 것을 알고 잘하는 사람도 있고 전혀 모르고 인사를 하는 경우도 많다.

👓 3.2 응대 인사

안경원에서 직원을 고용해 보면 인사의 중요성을 모르는 사람이 대부분이다. 인사는 친절의 기본이며 친절의 최고의 방법이다. 대충하는 인사를 옆에서 보면 안타깝다. 경력은 많은데 인사를 대충하고 건성으로 한다. 특히 초보 안경사는 경험이 적기 때문에 인사가 무기가 되면 좋다. 인사라도 선배 안경사들보다 잘하겠다는 마음으로 일을 하면 자신감이 빨리 생길 것이다. 거울을 보고 자기 자신의 얼굴을 보면서 힘차게, 에너지 넘치게 연습을 해보라. 반드시 이때까지 느낄 수 없었던 기운을 스스로 느낄 수 있을 것이다. 그 기운으로 고객을 대하면 고객 또한 그 기운을 느낄 것이다. 이것이 세상을 살아가는 가장 기본적인 것이다. 기 죽지 말고 인사를 잘

하자!

활기찬 목소리와 함께 인사도 중요하다. CS 매뉴얼에 나오는 그런 인사는 현실적으로 매장에서는 사용할 수 없다. 하지만 CS 교육은 꼭 한 번은 들어봐야 한다. 체인점 교육 시간에 CS 교육을 하면 그 상황에서는 잘하지만, 매장에 돌아가면 현실적으로 배운 대로 할 수 없다.

인사를 통해서 고객과 첫 대면에서 서로 대화를 시작한다. 어떻게 보면 처음 보는 사람과의 첫 소통이라 인사는 너무 부담스럽게 하면 안 된다. 너무 격식에 맞는 인사도 좋지 않다. 어떻게 하는 것이 좋을까?

가족을 대하듯 인사하자

내가 30여년 일을 하면서 가장 좋았다고 생각해서 지금까지 사용하고 있는 인사 방법으로, 고객에게 내 친구, 내 부모님, 친척을 오랜만에 만난 느낌으로 인사를 하면 제일 좋다고 직원들에게 권장하곤 한다. **오랜만에 만나는 친구, 부모님, 친척들에게 하는 억양, 표정, 느낌으로 인사를 하면 최고의 인사법이다.** 그 상황에 내가 하는 것을 가장 친한 친구와 몇 년 만에 만난 그 상황을 생각하면서 인사를 연습해보자. 이것보다 더 좋고 효과가 큰 인사는 없다고 생각한다.

모든 인간은 연기자다. 그 상황에 맞는 연기를 잘하는 사람이 잘하고 성공할 수 있다. 인사만 잘해도 성공할 수 있다. 인사에는 많은 것이 포함되어 있다. 인사의 중요성을 알고 어떻게 하면 인사를 통해서 고객을 만족시킬 수 있는지 연구해보자. 자기만의 인사법을 개발해서 진심으로 인사를 해보자. 반드시 고객들의 마음이 움직일 것이다. 대부분 사람은 인사의 중요성을 간과하는 것 같다. 인사할 때의 느낌으로 우리를 느낄 수 있는 고객들도 많다. 친한 사람과 대화하면 시간이 가는 줄 모르는 것처럼 첫인사를 통해서 대화하면 고객과의 소통이 훨씬 쉽고, 재미있고, 빨리 친해질 수 있는 좋은 무기이다.

반드시 인사 잘하는 안경사가 되길 바란다.

👓 3.3 유형별 고객응대

고객 응대는 심리전이다. 고객의 성향과 유형을 파악하고 어떤 것을 원하는지를 미리 알면 더욱 쉽게 응대가 가능하다. 일반적인 고객을 제외하고 흔히 만나볼 수 있는 5가지 고객 유형을 구분해 보았고 특히, 유형별 고객 응대 요령 포인트를 적어 보았으니 안경원에서 고객 응대할 때 참고하기를 바란다.

Type1. 전문가처럼 보이고 싶어 하는 고객

특징	응대요령
• 다 알고 있다는 듯이 설명을 듣지 않음 • 자기자랑이 심하고 거만하다 • 직원보다 책임자와 얘기하려고 함	• 정중한 응대 • 추켜세워 준다 • 칭찬과 감탄 • 맞장구를 친다

Type2. 성급한 성격의 고객

특징	응대요령
• 기다리는 것을 싫어하고 재촉함 • 말을 중간에 자르고 끼어든다 • 결정을 번복할 가능성이 높다	• 정중함보다는 신속하게 응대 • 늦어지는 사유를 명확하게 제시 • 원리원칙 내세우지 않기 • 애매한 표현은 삼가

Type3. 의심이 많은 성격의 고객

특징	응대요령
• 여러 상품과 비교하길 원함 • 쉽게 알 수 있는 사실도 재확인 • 자세한 설명이나 친절도 의심	• 분명한 증거 제시 • 명확한 자료 제시 • 자신감 있는 응대 • 명확하고 간결하게 응대

Type4. 했던 말 또 하며 불평이 많은 고객

특징	응대요령
• 자아가 강하고 끈질긴 성격 • 사사건건 트집과 불평 • 정확한 지식 없이 말이 많고 꼬투리 잡기를 즐긴다	• 고객의 말에 동요하지 않는다 • 고객의 말을 요약하며 확인한다 • 회피하려는 인상을 주지 않는다

Type5. 무리한 요구를 하며 소리지르는 고객

특징	응대요령
• 터무니 없는 요구를 한다 • 언성을 높이면 더 빨리 해결된다고 믿는다	• 공감으로 시작해 차분히 설득 • 나의 목소리부터 낮추어 상대방이 자신의 목소리가 지나치게 크다는 사실을 인지하도록 유도 • 3C(Change Person/Place/Time)를 한다

3.4 신규 및 재방 고객 응대

고객에는 처음 방문하는 신규고객과 기존에 방문한 적이 있는 재방 고객이 있다.
나는 처음 오는 고객 즉, 신규고객은 갓 태어난 아기처럼 응대하라고 한다. 아기가 처음 태어나면 엄마는 아기가 뭐가 불편한지 체크하고 아기가 가장 편안한 상태로 울지 않게 하려고 온 정성을 다한다. 그것처럼 처음 온 고객을 세심하게 살피고 관찰해야 한다.

여기서 '見(볼 견)'과 '觀(볼 관)'의 차이점을 얘기해보고자 한다. '見'과 '觀'의 차이는 '見'은 그냥 보는 것이고, '觀[見(볼 견) + 雚(황새 관)]'은 봉황새가 저 높은 하늘에서 먹잇감을 찾기 위해 세심하게 살피는 것이다. 우리가 고객 응대를 하는 과정의 가장 첫 단계는 고객을 '보는' 것이다. 그때 '끼' 있는 안경사는 '觀(볼 관)'의 마음으로 볼 수 있는 안목을 가지고 있다. 프로는 '觀', 아마추어는 '見'일 가능성이 크다.

프로가 되고 싶다면 봉황새가 하늘에서 땅의 미물을 살피듯이 세심하게 살필 줄 알아야 한다. 특히 신규고객에게는 이런 식으로 고객 응대를 해야 신규고객의 만족도를 높일 수 있다. 그래야 그 신규고객이 재방 고객이 되고 또 다른 신규고객을 창출하게 된다. 이것이 장사의 이치이다. 이것을 잘하는 사람이 가장 뛰어난 사람일 것이다. 학교에서 공부를 잘하는 것도 중요하지만 이런 것을 잘하면 더더욱 성공할 수 있다.

하지만 현실적으로 어렵고 잘할 수 있는 사람이 적다. 그러나 연습하고 실천하면 배울 수 있다. 이런 것을 잘하는 안경원을 찾아 취직하는 것도 좋다. 이왕 취직해서 성공하고 싶으면 이런 경험과 노하우를 배울 수 있는 곳으로 가라. 이런 곳에 가면 여러분들의 인생이 바뀔 수 있다. 사람은 누구를 만나느냐에 따라 자기 인생이 바뀔 수 있다고 생각하자. 앞으로 내가 만나고 같이 일을 하는 사람들이 내 인생의 동반자임을 알아야 한다. 그래서 첫 직장이 중요하다. 살피고 생각하고 찾아라. 집 가까이에서 찾을 수 있지만, 거리에 상관없이 넓은 곳으로 가는 것도 좋다. 세상에는 잘하는 사람들이 많다. 그들을 찾아서 여러분의 인생에 동반자로 삼는다면 여러분의 성공 확률이 높아질 것이다.

한편 재방 고객 응대는 의외로 쉽다. 고객관리 프로그램에 기존에 방문했던 모든 정보가 있기 때문이다. 재방을 했다는 것으로 어느 정도 우리 안경원에 만족했다고 봐도 된다. 그래서 크게 문제가 되지 않는 한 만족도가 떨어지지 않는다. 단, 재방 고객 응대 시 조심해야 하는 것은 신규고객처럼 응대해서는 안 된다는 점이다. 재방 고객에게는 또 다시 와줘서 고맙다는 뉘앙스로 응대해야 한다. 더 친근하게 **"또 오셨네요!"**, 또는 **"오랜만에 오셨네요!"**라고 하면 고객이 좋아한다. 왜냐하면 '나를 알아보는구나!'라는 인식 때문이다.

인간은 누구나 자기를 알아주고 이해해주고 인정해주면 좋아한다. 이것을 모르고 항상 신규 고객과 재방 고객에게 똑같이 응대하는 사람들이 많다. 안경원은 한 번 오면 계속 올 확률이 높은 업장이다. 그래서 재방 고객도 응대에 신경을 써야 한다. 특히 사장님이 잘 안 계시는 대형매장에서 더더욱 신경을 쓰고 교육해야 한다. 나를 몰라주는 집에 계속 팔아주고 싶은 생각이 들까? 한번 생각해보라.

여러분들이 고객이라면 어떤 생각을 할지? 사람이라면 같은 느낌을 받을 것이다. 항상 내가 고객이 되어서 생각해보는 습관을 들이면 좋다. 나의 관점이 아닌, 고객의 관점에서 관찰하고 생각해보자. 그렇게 하면 또 다른 세상을 보게 되고 개척하게 될 것이다.

3.5 전화응대

① 전화응대

전화응대는 고객과 접점의 제1선이다. 보이지 않는 소중한 한 분의 고객과의 첫 만남이고, 전화 한 통으로 매장의 이미지를 결정할 수 있어서 매우 중요하다. 하지만 목소리로만 고객과 대화하는 것이기 때문에 자칫하면 실수나 오해가 생기기 쉬우므로 주의하여야 한다.

전화응대는 안경원에 근무하면서 가장 많이 하는 행동 중에 하나다. 하루에도 수십 통씩 전화가 온다. 거래처, 고객, 상담 전화, 가격문의 전화, 완성 전화, 기타 등등 전화로 시작해서 전화로 끝난다고 해도 과언이 아니다. 전화응대를 가장 잘하는 사람으로는 텔레마케터 또는 보험회사 또는 대기업 홈쇼핑 안내원이 있다. 목소리만 들어도 기분이 좋아진다.

예전에 나는 직원으로 텔레마케터를 고용한 적도 있었다. 목소리는 정말 하늘에서 내려온 천사 같았다. 듣기만 해도 기분이 좋아졌다. 이런 목소리를 흉내낸다면 좋을 것이다. 하지만 막상 잘 안되는 것이 전화 목소리다. 사람의 얼굴을 보지 않고 감정을 끌어내는 것이 쉬운 일은 아니다.

전화 목소리도 기본 인사나 고객 응대처럼 경쾌한 솔 톤으로 해야 한다. 솔 톤으로만 해도 목소리가 상당히 좋아진다. 어떤 안경사는 "네! 안경원입니다."라고 하면서 끝 부분을 내리면서 전화응대를 하는 경우가 있다. 이것은 전화응대의 기본이 아니다. 현장에서 강조하는 것은 솔 톤으로 끝 부분을 살짝 올리면서 목소리가 활기차도록 교육한다. 의외로 이것을 연습해보지 않아 쑥스러워하고 잘못하는 사람이 많다.

우리는 전문가인 동시에 서비스를 제공하는 직업이다. 서비스의 기본은 친절과 상냥함이다. 그것이 전화 목소리에서도 나타나야 한다. 전화응대 또한 많은 연습을 해야 한다. 녹음을 하면서 자기 스스로 들으며 체크해 보고 느껴 보고 수정하고 연습해야 한다. 전화응대로 그 안경원의 친절도를 높일 수 있다. 상냥한 목소리로 고객을 기분 좋게 할 수 있는 기술을 개발하고 습득하면 여러분들의 성공에 많은 도움이 될 것임을 확신한다.

이왕 전화를 받고 해야 하는 일이라면 기분 좋고 활기차게 전화를 받자. 그렇게 하면 내 기분도 좋아져서 하루하루 생활을 에너지 넘치게 살아갈 수 있을 것이다. 일하면서 에너지를 보충하는 좋은 방법이다. 우리가 고객을 기쁘게 해서 그 기분을 통한 만족으로 고객이 나를 찾아올 때 가장 행복하고 직업에 대한 만족을 높일 수 있다. 안경사는 이런 좋은 에너지를 만끽할 수 있는 좋은 직업임을 잊지 말자. 나 또한 고객이 만족하고 나를 찾을 때 가장 보람을 느낀다. 여러분도 나와 같이 이 기분을 느끼면서 같이 안경사 생활을 했으면 좋겠다.

② 전화응대의 원칙

전화응대는 보이지 않지만 목소리로 고객과 대화하는 것이기 때문에 마주 보고 응대하는 것보다 실수하거나 오해가 생기지 않도록 특별히 조심해야 한다.

1. 전화응대의 기본
- 상대방이 눈앞에 있는 것처럼 밝은 표정과 목소리로 응대한다.
- 상대방의 목소리가 어리게 들리더라도 첫 대면 시에는 존댓말을 사용하도록 한다.

2. 커뮤니케이션
- 고객이 말하는 도중 말을 가로채지 않고 끝까지 호응하며 듣는다.
- 고객의 입장에서 알기 쉽게 설명한다.
- 발음을 또박또박 한다.
- 불만 전화를 받았을 때는 상대방의 말이 끝날 때까지 잘 듣고 말을 자르거나 말꼬리를 자르지 않도록 한다.

3. 기타
- 전화가 도중에 끊겼을 경우. 안경원에서 다시 걸도록 한다.
- 수화기를 막고 큰소리로 담당 안경사를 부르거나. 잡담하지 않는다.
- 전화벨이 3번 이상 울리기 전에 받고, 늦게 받았을 경우 "늦게 받아 죄송합니다."라는 멘트를 한다.
- 전화 종료 시 고객이 끊은 것을 확인 후 끊는다.

③ 적절한 전화 응대 용어('아' 다르고 '어'다르다)

부적절한 응대 용어	적절한 응대 용어
여보세요? 여보세요?!!! (통화 음질이 좋지 않을 때)	죄송합니다만. 다시 전화 주시겠습니까?
누구세요? 어디세요?	실례합니다만. 전화 주신 분 성함이 어떻게 되시나요?
왜 그러세요?	네. 어떤 부분이 궁금하셨습니까?
네? 뭐라구요?	죄송합니다만. 다시 한번 말씀해 주시겠습니까?
알아보시고 다시 전화 주세요.	죄송합니다만. 다시 한번 확인해주시겠습니까?
잠깐만요~	잠시만 기다려주시겠습니까?
그게 아니구요.	네. 고객님 말씀 이해했습니다만 오해가 있었던 것 같습니다.
잘 모르겠습니다.	확인해 보겠습니다.
얘기하세요.	말씀해 주시겠습니까?

④ 안경원 상황별 전화응대 시뮬레이션

경험이 많은 안경사는 여유도 있고 정확하게 전화응대가 가능하겠지만, 초보 안경사의 경우는 전화 목소리조차 들리지 않을 것이다. 하지만 안경원에 전화를 거는 고객의 유형을 구분해 보면 경우의 수가 많지 않다.

아래에 대표적인 5가지 자주 전화 오는 유형의 고객을 시뮬레이션 응답을 적어놓았으니 전화응대 초보자라면 시간이 날 때마다 자주 연습하자. 시뮬레이션을 눈으로 보기에는 너무 쉬워 보이겠지만 막상 다른 안경사와 역할 분담을 하여 시뮬레이션 전화응대를 한다면 식은땀이 날 수도 있다. 당황하지 않고 여유 있는 전화응대가 어느 정도 가능할 때까지 여러 번 연습하고, 또한 자기만의 전화응대 시뮬레이션 사례도 만들어서 연습하는 것도 아주 좋은 경험이 될 수 있다.

1) 맞춘 안경이 다 됐는지 문의하는 고객

안경사	감사합니다. OOO안경원 입니다.(OOO안경 OO점 입니다)
고 객	며칠 전에 안경 맞췄는데요 다 됐나요?
안경사	네. 확인해 보겠습니다. 고객님. 실례합니다만. 성함과 연락처 말씀해 주시겠습니까?
고 객	OOOO이구요. 전화번호는 010-123-4567입니다.
안경사	네, OOO고객님. 바로 확인해드리겠습니다. 잠시만 기다려주시겠습니까? [전산확인] ▶ 바로 확인이 가능하다면 OOO고객님. 기다려주셔서 감사합니다. 고객님의 안경이 완성되었습니다. 편하신 시간에 언제든지 방문 부탁드리겠습니다. 감사합니다. ▶ 바로 확인이 어렵다면 (10~15초 이상) OOO고객님. 기다려주셔서 감사합니다. 죄송합니다. 곧바로 확인하고 연락을 드리겠습니다.

2) 담당 안경사와 통화를 원하는 고객

안경사	감사합니다. OOO안경원 입니다.(OOO안경 OO점 입니다)
고 객	누군지는 모르겠는데. 저 담당하셨던 분 좀 바꿔주세요.

안경사	네. 확인해 보겠습니다. 고객님. 실례합니다만, 성함과 연락처 말씀해 주시겠습니까?
고 객	OOO이구요. 전화번호는 010-123-4567입니다.
안경사	네. OOO고객님. 바로 확인해드리겠습니다. 잠시만 기다려주시겠습니까? ▶바로 연결이 가능하다면 기다려주셔서 감사합니다. 담당하신 OOO선생님 연결해드리겠습니다. ▶바로 연결이 어렵다면 (부재중 또는 다른 고객 응대중) 기다려주셔서 감사합니다. 담당하셨던 OOO선생님께서 지금 상담 중이라 바로 연결이 어려울 것 같은데요. 어떤 부분 때문에 연락해주셨는지 내용 알려주시면 메모해서 전달하고 전화를 드리도록 하겠습니다.
고 객	OOO에 관해 확인할 게 있어서요.
안경사	네. 알겠습니다. OOO선생님 상담 끝나는 대로 010-123-4567번으로 연락드리도록 전달하겠습니다. 감사합니다.

3) 안경이 완성되어 찾아가라는 전화를 걸 때

안경사	안녕하세요? OOO안경원 입니다.(OOO안경 OO점 입니다) OOO 고객님 맞으십니까?
고 객	네. 맞는데요
안경사	지금 잠시 통화 괜찮으십니까?
고 객	네.
안경사	고객님이 맞추신 안경이 완성되어 연락드렸습니다. 편하신 시간에 찾으러 오시면 되겠습니다.
고 객	네.
안경사	감사합니다. 그럼 그때 뵙겠습니다.

4) 렌즈 도착(또는 주문한 상품)이 늦어져 양해 전화를 드릴 때

안경사	안녕하세요? OOO안경원 입니다.(OOO안경 OO점 입니다) OOO 고객님 맞으십니까?
고 객	네. 맞는데요.
안경사	지금 잠시 통화 괜찮으십니까?
고 객	네.
안경사	고객님 죄송합니다만, 주문하신 안경렌즈 도착이 예정보다 조금 늦어져, O월 O일 O요일쯤에 완성 예정입니다. 늦어져서 죄송합니다. 도착하면 최선을 다해 안경을 만들고, 완성되면 다시 한번 전화를 드리겠습니다.
고 객	네.
안경사	양해해주셔서 감사합니다. 안경 완성 즉시 다시 연락드리겠습니다. 감사합니다.

※ 안경 완성이 늦어질 경우, 정확한 이유와 완성 예상 날짜를 안내하며 양해를 구한다.
이때 안경 완성 날짜는 실제 예상일보다 +1~2을 더하여 안내한다.

5) 안경원 위치를 문의하는 고객

안경사	감사합니다. OOO안경원 입니다.(OOO안경 OO점 입니다)
고 객	거기 위치가 어떻게 되죠?
안경사	네. 고객님 지금 계신 곳이 어떻게 되십니까?
고 객	여기 OOO 근처에요.
안경사	▶ 대략적인 교통편을 알고 있다면 어떤 교통수단을 이용하십니까? → 차로 가는데요. OOO근방에서 차로 이동하시려면, OOO길로 오시는 것이 가장 편리합니다. → 고맙습니다. ▶ 교통편을 모른다면 죄송합니다 고객님. OOO근방에서 차로 오는 방법을 제가 알아보고 다시 전화를 드려도 괜찮을까요? → 네. 전화주세요. 네. 교통편 확인하고 최대한 빨리 전화를 드리도록 하겠습니다. 감사합니다.

◯◯ 3.6 AS처리 응대

안경원에 근무하면서 가장 어려운 것이 있다면 AS일 것이다. 많은 안경사가 힘들어하고 어려워한다. 나 또한 그렇다. 화가 머리 끝까지 올라올 때도 많다. 그러한 경우에 언쟁하면서 싸우는 일도 있다. 나도 사람인지라 끝까지 참지 못하고 싸운다. 그렇게 하면 안 되는 것을 알지만 너무 어처구니없고 막무가내인 고객도 많다. 그럴 때마다 우리 안경이 이렇게 대우받는지 실망할 때가 많다. 그렇지만 어떡하나. 그래도 내가 할 일인데 최선을 다해야지 하고 힘을 내서 일한다. 여러분들도 안경원에 근무하다 보면 이런 경우가 비일비재할 것이다.

가장 많이 듣는 소리가 "가만히 있는데 안경테가 부러졌다.", "내가 안경 30년 꼈는데 이런 안경 처음이다." 이런 식으로 억지를 쓴다. 세상에 어떻게 가만히 있는데 안경이 부러지나! 상식적으로 말이 안 된다. 뭔가 충격이 있어서 부러졌을 것 같다고 설명을 하면 또 고객은 화를 낸다. 그럼 내가 이 안경테 하나 때문에 당신한테 거짓말을 한다는 얘기냐고! 어처구니없는 경우이다. 3개월밖에 안 되었는데 공짜로 바꿔 달라고 한다. 땅 파서 장사하는 것도 아닌데, 분명히 고객의 부주의인데, 안경을 맞춘 지 얼마 안 되었다는 이유만으로 무료로 교환을 원하는 경우가 많다. 참으로 답답하다. 그냥 해주자니 손해고, 안해주자니 고객이 다시는 오지 않을 것 같고…. 이것이 현실이다.

주위 안경사분들에게도 물어봐라. 다들 인정할 것이다. 내가 생각했을 때 분명히 이 부분은 향후 우리 안경사들이 반드시 풀어야 할 숙제인 것 같다. 여러분들이 향후 안경업을 이끌어갈 때 서비스의 기준만큼은 꼭 통일시켜서 어디를 가더라도 균일한 서비스 기준으로 우리 안경사의 위상이 올라갈 수 있도록 했으면 좋겠다. 내가 아는 바로는 이런 말도 안 되는 것으로 언쟁하기가 싫어서 안경사 생활을 그만둔 사람도 많다고 들었다. 내가 생각하는 안경사하고 현실에서의 안경사하고 괴리가 커서 그만두었을 것이다. 내가 여러분들에게 말하고 싶은 것은 이런 말도 안 되는 기본도 안되는 고객도 있지만, 그렇지 않고 정이 많고 상대적으로 잘해주는 좋은 고객도 많다는 것이다.

세상에는 별의별 사람이 있다. 살다 보면 누구나 느끼는 것이다. 삶의 지혜로 보면 좋은 사람들을 생각하고 힘내면 살만한 세상으로 보인다. 그래서 옛날부터 장사는 아무나 하는 것이 아니고 어렵다고 한다. 왜냐하면 참아야 하기 때문이다. AS 응대의 기본은 고객 앞에서 절대 AS 비용을 얘기하면 안 된다는 것이다. 고객은 자기 돈을 지불하는 것에 대한 부정적인 견해를 가지고 있다. 안경이 잘못이고 불량인데 왜 내가 돈을 내냐고! 공짜로 해줘야지! 이런 마인드를 가지고 있다. 그래서 고객 앞에서 절대 돈이 들어간다는 표현만 자제해도 고객과의 불협화음을 줄일 수 있다. 나 같은 경우에는 "공장에 보내보고 연락드리겠습니다" 이렇게 일단 고객의 마찰을 피하고 시간을 벌고, 며칠 있다가 전화해서 기간, 비용을 말씀드리면 의외로 그때보다 화가 줄어들어서 별 반응 없이 넘어가는 경우가 많다.

불만과 화는 시간이 흘러가면 줄어드는 것 같다. 그래서 "시간이 약이다."라는 옛말이 여기서도 통한다.

3.7 불만 고객 응대

① 불만 고객이란?

불만 고객이란, 서비스를 제공하는 과정에서 생긴 본인의 불만을 표현하고 해결을 적극적으로 요구하는 고객을 의미한다. 막상 그 상황에서는 응대가 어렵고 진땀이 나겠지만, 만약 불만 고객의 문제를 해결(해소)하면 재구매가 일어날 확률이 높아지고 단골손님이 되는 경우가 많아서 더 신경을 써서 응대해야 한다.

불만 고객 유형	재구매율
불만을 제시했던 고객의 불만 해결 이후 재구매율	50~70%
불만을 표시하지 않는 고객의 재구매율	9%
불만을 제기했으나 해결되지 않은 고객의 재구매율	18%

② 클레임(Claim), 컴플레인(Complaint)

보통 클레임과 컴플레인이 같은 의미로 알고 혼용되어 사용되고 있는데 엄연히 다른 범위의 불만의 표현하는 용어이다. 가장 큰 차이는 주관적인 입장에서의 불만, 객관적인 입장에서의 불만으로 구분할 수 있다. 쉽게 말해 **다른 사람들이 보기에는 괜찮은데 주관적인 입장에서 서비스에 불만이 있으면 컴플레인, 객관적으로 봤을 때 누구나 불만을 제기할 수 있는 상황이면 클레임**이라는 용어를 사용한다.

컴플레인이란, 사전적 용어로 '불평하다'라는 의미를 가지고 있다. 이는 고객의 주관적인 평가로 불만족스러운 서비스나 직원의 서비스 태도가 불친절했을 경우, 상품 구입 관련하여 불만을 제기하는 경우를 의미한다.

클레임은, 위에서 언급한 대로 객관적으로 봤을 때 누구나 불만을 제기할 수 있는 상황으로, 상대방의 잘못된 행위에 대한 불만 사항 통보 등 주의를 시키는 정도의 불만족을 의미하고 행동 또는 내부적으로 조치해 해결할 수 있다. 흔히 고객이 상품을 구매하는 과정, 구매한 상품에 대한 품질, 서비스 등에 불만을 제기하는 것으로 발생한다. 만약 직원의 잘못된 행위에 대한 시정 요구로 고객이 클레임을 걸었고, 이에 대해 처리가 되지 않으면 고객에게 물질적, 정신적 보상, 더 나아가 법적으로 보상하여 해결해야 할 수도 있다.

컴플레인(Complaint)	클레임(Claim)
• 주관적인 입장에서의 불만을 표현 • 불평, 불만 고객의 표현	• 객관적인 입장에서의 불만을 표현 • 보상 요구, 손해배상 청구

③ 불만 고객 응대

고객 응대를 하다 보면 의외로 불만 고객이 많다. 잘 살펴보면 사전에 불만을 없앨 수 있는데 사소한 것 때문에 불만이 발생한다. 예를 들면, 고객과의 약속이다.

우리는 다초점렌즈처럼 주문 제작하는 경우가 많다. 그런데 대부분 안경원에서는 소요 기간을 3~4일이라고 한다. 렌즈 도착은 보통 3~4일 만에 온다. 그래서 그것을 바탕으로 고객과의 약속을 3~4일로 하는 것이 보통이다. 하지만 세상 일이라는 것이 생각대로 다 되는 것이 아니다. 어떤 경우나 문제가 발생한다. 예를 들면, 공장 실수, 주문 누락, 조제 에러, 택배 문제, 기타 등등의 사고가 발생한다. 그렇게 되면 고객과의 약속을 지킬 수가 없다. 약속을 지키지 않는다면 고객의 신뢰가 무너진다. 우리 처지에서는 일어날 수 있지만 고객 입장에서는 이해가 되지 않는다. 그래서 나는 7~10일 정도 두 배 더 길게 약속한다. 혹시 일어날 수 있는 때를 대비해서 안내한다. 이런 방법으로 먼저 대처하면 주문 렌즈에 관한 약속에 대한 불만은 완전히 없어진다.

다른 안경원에서 근무하다가 우리 안경원에 오는 안경사들을 보면 대부분 3~4일로 얘기해서 불만을 초래하는 경우도 많다. 그것을 보면서 나는 사전에 불만의 소지를 없앨 수 있는 좋은 방법이 있는데 왜 그렇게 응대하는지 이해가 가지 않는다. 고객들은 빠르게 해주는 것보다 오래 걸려도 꼼꼼히 정확하게 맞추는 것을 원한다. 이 점을 명심해야 된다. 빨리 해주는 것이 실력이 아니고 정확하게 해주는 것이 안경 맞춤의 기본이다. 만약에 불만 고객이 생기면 설득하려고 하는 것보다 먼저 공감을 해주고 고객의 말을 경청하는 것이 불만 고객의 응대 방법 중 최고이다. 하지만 의외로 공감보다는 자기 주장으로 설득을 하는 경우가 많다. 하지만 너무 무리하거나 상식적이지 않거나 보편타당하지 않으면 불만 고객에게 정확한 기준과 원칙을 안내하는 것도 좋다.

너무 고객 만족을 위해 무조건 해결하지 않아도 된다. 그렇게 하려면 정확한 매장의 기준을 가지고 있어야 한다. 그 기준을 기반으로 융통성을 발휘한다면 불만 고객의 만족도를 높일 수 있다. 또 한 가지 사실은, 불만 고객을 잘 응대하면 단골이 된다는 것이다. 불만 고객의 요구를 충족시켜 주면 그 고객은 다른 고객에게 많은 전파를 한다. 불만 고객이 전파력은 강력하다는 것이다. 이것 또한 중요한 것이니 불만 고객을 모두 진상 고객이라 하지 말고 최선을 다해서 공감하고 경청하는 습관을 들이자. 말을 이렇게 하지만 나도 잘 안되는 것이 현실이다. 나도 많이 후회하고 반성하는 경우가 많았다. 그렇게 하면서 지금까지 성장했다. 까다롭고 예민한 불만 고객을 만족시킬 수 있는 방법을 찾는다면 여러분들은 반드시 성공할 수 있을 것이다. 결론은 불만 고객을 피하거나 두려워하지 말고 나의 스승이라 생각하며 응대해보자. 의외로 많은 것을 배울 수 있을 것이다. 나도 되돌아보면 진상 고객들을 통해서 장사와 인생을 배운 것 같다. 그 당시는 화도 나고 신경질이 났었는데 지금 되돌아보니 고마운 것 같다. 이번 기회로 감사의 말을 전하고 싶다.

"진상 고객님 감사했습니다! 만약 다음에 만난다면 더 잘해드리겠습니다! ^^"

④ 불만 고객 해결을 위한 3가지 변화

불만 고객 응대할 때 대부분 서로 감정에 휩싸여 쉽게 해결할 수 있는 문제임에도 불구하고 일방적으로 고객에게 큰소리를 듣거나 고객과 같이 싸우는 경우를 쉽게 볼 수 있다. 전에는 "안경원에서 자주 일어나는 이러한 불만을 어떻게 하면 쉽게, 체계적으로 해결할 수 있을까?" 고민을 많이 했다. 여러 가지 불만 고객 응대에 관련된 자료를 찾고 임상에서 몸소 체감한 결과 아래와 같은 처리 방법대로 불만 고객을 응대하면 그래도 쉽게 해결이 가능하다는 것을 알게 되었다. 여러 초보 안경사뿐만 아니라 서비스직에 종사하는 선생님들이라면 이러한 쉬운 불만 고객 해결 방법(3가지 변화 주기)을 시행하시면 더욱 쉽게 해결이 가능하고 또한 재구매 확률이 높은 단골 고객으로 만들 수 있을 것이다.

불만 고객 응대할 때 효과적인 3가지 변화 주기(3변 주의)	
1) 장소의 변화	• 장소를 바꾼다. • 다른 고객들까지 불만이 터져 나온다(다른 고객 선동을 미연에 방지). • 오래 서 있으면 화나기 마련이다.
2) 시간의 변화	• 시간을 바꾼다. • 고객이 진정할 시간을 준다(미지근한 차나 물을 드리며 진정할 시간을 준다) • 직원 역시 진정할 시간을 갖고, 이후에 응대해야 할 과정을 생각한다.

3) 사람의 변화	• 사람을 바꾼다. • 불만 고객의 최초 응대자를 교체한다. • 되도록 상급자가 응대하도록 한다.

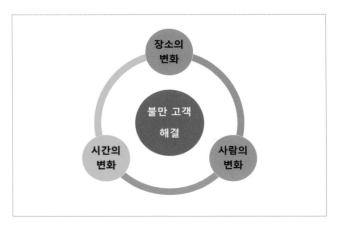

▲ 불만 고객 해결을 위한 3가지 변화(3변 주의)

"가장 효과적인 방법은 '시간의 변화'이다"

⑤ 불만 고객 응대 요령 시뮬레이션

안경원 내에서 발생하는 컴플레인 응대 요령 Key Point!
• 어떤 부분에서 불만족했는지 고객의 이야기를 듣는다. 이때, 적절한 호응과 귀 기울여 듣고 있다는 행동을 취한다. • 상황에 맞는 적절한 사과의 말을 한다. • 사과의 말을 할 때는 뒤 끝을 흐리지 말고, 정중례와 함께 정확하게 사과의 말을 전한다. • 응접실이 있다면 고객을 응접실로 안내한다(장소의 변화, 시간의 변화). • 응접실에 고객을 모셨다면, 담당 안경사보다는 선임 혹은 원장이 직접 고객을 응대한다(시간의 변화, 사람의 변화). • 인계받는 선임 혹은 원장은 상황에 관하여 정확하고 구체적으로 파악한 후, 고객을 응대한다. • 인계받은 선임 혹은 원장은 먼저 사과의 말을 전달 후, 오해가 있었던 부분을 이야기한다. • 이야기 마지막에는 앞으로의 대안 및 시정사항을 제시하고 감사 인사를 전하는 것으로 마무리 짓는다. • "일단 진정하시고요", "그럴 리가 없는데", "본사 방침이 그래요"와 같은 말은 금지한다.

▼ 예시) 안경 수리를 맡겼는데 예정일보다 수리가 늦어진 상황

안경사	감사합니다. OOO안경원 입니다.(OOO안경 OO점 입니다)
고 객	아니, 수리 맡긴 지가 언젠데 아직도 연락이 없어요?
안경사	죄송합니다 고객님. 제가 확인하고 안내해드리도록 하겠습니다. 고객님 성함과 연락처 말씀해 주시겠습니까?
고 객	홍길동 010-1234-5678요. 며칠 전에 수리 맡겼는데 오늘까지 된다고 하더니 연락도 안주고 뭐에요?
안경사	고객님, 먼저 불편을 끼쳐드려 죄송합니다. **▶ 지금 당장 확인하기 어려운 상황(주문 확인, 담당자 휴무, 담당자 다른 작업 중 등)** OOO한 사정으로 제가 확인해보고 다시 전화드려도 괜찮을까요? **▶ 지금 확인이 가능한 상황** 확인해 보니 OOO한 사정으로 수리가 늦어지게 되었습니다. 저희 쪽에서 먼저 연락드렸어야 하는데, 그러지 못해 죄송합니다. 다시 한번 해당 업체에 연락하여 최대한 빨리 수리가 되도록 조처를 하고, 또한 수리가 완료되어 도착하면 곧바로 고객님께 전화 연락드리도록 하겠습니다. 저희가 먼저 늦어진다는 연락을 드렸어야 하는데 불편을 끼쳐드려 진심으로 죄송합니다.

4. 안경원 체크리스트

지금까지 안경원에서 일어나는 다양한 고객 서비스와 고객 유형에 따른 응대 요령에 대해 알아보았다. 막상 눈으로 보면 다 이해하고 쉬운 것 같지만, 실제로 이러한 고객에 나에게 오면 여간 어려운 것이 아니다. 꼭 자주 시뮬레이션으로, 예를 들면 아침 조회를 할 때 간단한 응대 시뮬레이션으로 재미있는 하루를 시작할 수도 있다(선임자가 불만 고객을 일부러 연기하기).

또한 한 번 보고 들으면 잘 할 수 있을 것 같지만 주기적으로 점검하지 않으면 고객 응대 서비스는 소홀해질 수밖에 없다. 유명 프랜차이즈 서비스를 제공하는 곳들은 하루에 몇 번씩 꼭 체크리스트를 활용하여 회사의 경영 서비스 수준을 일정하게 유지하고 고객에게 최상의 만족을 드리도록 노력하고 있다.

아래에 안경원에서 활용할 수 있는 다양한 체크리스트 예시를 적어보았으니 여러분의 안경원에서도 꼭 원장님(또는 부장님, 리더)이 모범을 보여 매장의 서비스 관리 및 적절한 유지를 하고 고객에게 최상의 서비스를 제공하여 100점 만족 서비스를 제공하는 안경원이 되고 계속 유지하기를 진심으로 바란다.

〈안경원 운영과 관리에 필요한 체크리스트 목록 〉

① 용모 복장 체크리스트(직원용)

② 안경원 응대 서비스 체크리스트(안경원용)

③ 접점별(장소별) 체크리스트(직원용)

④ 매장 청결 체크리스트

⑤ 전화 응대 체크리스트

▼ 용모복장 체크리스트(남)

항목	체크리스트 내용	O	X
머리	앞머리나 구레나룻이 너무 길지 않습니까?		
	부스스하지 않게 헤어제품으로 단정하게 정리되어 있습니까?		
얼굴	면도하다 남은 수염이나 코털은 보이지 않습니까?		
	담배 냄새 등의 구취 처리는 잘 되었습니까?		
와이셔츠 및 상의	다림질은 잘 되어 있습니까?		
	정장에 어울리지 않는 셔츠를 입고 있진 않습니까?		
	목깃이나 소매 끝은 더럽지 않습니까?		
	목 둘레와 소매 길이는 적당합니까?		
	사원증은 패용하고 있습니까?		
	단추가 떨어져 있거나, 실밥이 뜯어진 곳은 없습니까?		
넥타이	넥타이 매듭이 늘어져 있거나, 비틀어지지 않았습니까?		
손	손톱은 깨끗하게 정리되어 있습니까?		
하의	다림질은 잘 되어 있습니까?		
	바지 길이는 적당합니까?		
	벨트가 너무 화려하거나 튀지는 않습니까?		
양말	색상이 적당합니까?(검정, 군청, 회색 양말만 가능)		
구두	깨끗이 손질되어 있습니까?		
	색상, 모양은 적당합니까?		
	굽이 많이 닳아 있지는 않습니까?		
전체 이미지	전체적으로 깔끔하고 호감 가는 이미지를 풍깁니까?		
나의 이미지	• 18점 이상 : 준비되어 있는 사람 • 18~16점 : 기로에 서 있는 사람 • 15점 이하 : 준비가 미흡한 사람		

– 감사합니다 –

▼ 용모복장 체크리스트(여)

항목	체크리스트 내용	O	X
머리	커트나 단발머리는 뻗치거나 너무 부스스하지 않습니까?		
	긴머리는 잘 정돈되어 있거나, 단정하게 묶었습니까?		
	앞머리는 눈을 가리지 않습니까?		
	염색이 너무 밝은 컬러이거나, 브릿지가 되어 있진 않습니까?		
얼굴	화장기 없는 부스스한 느낌은 없습니까?		
	화장이 너무 진하지는 않습니까?		
상의	다림질은 잘 되어 있습니까?		
	먼지나 얼룩이 묻어 있진 않습니까?		
	사원증은 패용하고 있습니까?		
	단추가 떨어져 있거나, 실밥이 뜯어진 곳은 없습니까?		
손	손톱이 길거나 화려한 매니큐어를 바르지는 않았습니까?		
액세서리	너무 화려한 액세서리를 하지는 않았습니까?		
하의	다림질은 잘 되어 있습니까?		
	스커트가 너무 짧거나, 단이 뜯어진 곳은 없습니까?		
	먼지나 얼룩이 묻어 있진 않습니까?		
스타킹	살색, 커피색, 동절기엔 무늬가 없는 검정 스타킹입니까?		
	올이 나가거나 늘어진 곳은 없습니까?		
구두	깨끗이 손질되어 있습니까?		
	색상, 모양은 적당합니까?		
전체 이미지	전체적으로 깔끔하고 호감 가는 이미지를 풍깁니까?		
나의 이미지	• 18점 이상 : 준비되어 있는 사람 • 18~16점 : 기로에 서 있는 사람 • 15점 이하 : 준비가 미흡한 사람		

- 감사합니다 -

▼ 안경원 응대 서비스 체크리스트

○ 지 점 명 : _____
○ 방 문 일 : _____

체크 문항	전혀 아니다	그렇지 않다	보통 이다	그렇다	매우 그렇다
최신 시설과 장비가 잘 갖추어져 있는가?					
인테리어 등 매장 내·외부의 분위기가 눈길을 끄는가?					
전화를 즉시 받으며 정성을 다해 응대하는가?					
방문고객 순서대로 신속한 서비스를 제공하는가?					
제품이 다양하게 갖추어져 있어 선택의 폭이 넓은가?					
제품의 가격이 명확히 표시되어 있는가?					
고객의 질의사항이나 안과적 문의에 정확한 답변을 제공하는가? (매장 내 자료 비치 포함)					
A/S 시 비용 발생에 대해 이해하기 쉽도록 설명하는가?					
주차시설이 갖추어져 있어 차를 갖고 이용하기에 편리한가?					
고객이 편리하게 이용할 수 있도록 운영시간을 명시했는가?					
비고					

▼ 접점별 체크리스트

○ 지 점 명 : ＿＿＿＿＿＿
○ 방 문 일 : ＿＿＿＿＿＿
○ 안 경 사 : ＿＿＿＿＿＿

MOT	문항	전혀 아니다 (1점)	아니다 (2점)	보통 이다 (3점)	그렇다 (4점)	매우 그렇다 (5점)
입장 (고객 맞이)	미소 띤 얼굴과 밝은 음성으로 반갑게 맞이합니까?					
	통일된 멘트로 인사합니까?					
	고객에게 "안녕하세요?"라는 멘트로 먼저 다가갑니까?					
검안 및 테 선택	고객의 말을 귀 기울여 듣습니까?					
	고객의 말에 호응(맞장구, 복창)을 합니까?					
	상황에 맞는 표정을 연출합니까?					
	손을 이용하여 이동방향을 제시합니까?					
	고객이 착석 후 안경사가 착석합니까?					
	고객에게 적합한 상품을 추천해주었습니까?					
	시력변화를 알기 쉽게 설명합니까?					
대기	대기실 안내 시 차/음료 등이 준비되어 있다고 안내합니까?					
	안경 조제 전 대략적인 대기 시간을 안내합니까?					
	고객이 있을 때 서로가 존대하며, 적절한 호칭(선생님 또는 직책)을 사용합니까?					
배웅	결제 전 주의사항 및 멤버십 카드를 설명합니까?					
	마지막까지 고객을 친절히 응대하였습니까?					
직원 용모 복장	헤어스타일이 단정합니까?					
	유니폼 또는 통일된 복장을 착용하였습니까?					
	하의는 검정계통의 정장을 착용하였습니까?					
	어두운 색 구두 또는 운동화를 착용하였습니까?					
	액세서리가 화려하거나 많지 않습니까?					
의견				총점 :		

매장 청결 체크리스트

○ 지점명 : _____
○ 방문일 : _____

체크 문항	Y	N
매장 입구(화분관리 포함)가 청결한가?		
출입문 유리가 잘 닦여져 있는가?		
매장 바닥이 깨끗하게 청소되어 있는가?		
상자 등 불필요한 물건들이 바닥(매대)에 쌓여 있지 않는가?		
진열장이나 선반 위에 먼지가 쌓여있지 않는가?		
접수대는 잘 정돈되어 있는가?		
쓰레기통에 쓰레기가 넘쳐 있지 않는가?		
식음료대가 정리되어 있으며 주변이 청결한가?		
대기실이 잘 정돈되어 있는가?		
전구 수명이 다 되어 어두운 곳은 없는가?		
비고		

전화응대 체크리스트

○ 지 점 명 : _____
○ 방 문 일 : _____
○ 안 경 사 : _____

전화응대 체크리스트		만점	점수
공통 사항	1. 띤소 띤 얼굴로 전화응대를 하고 있습니까?	10	
	2. 밝은 음성으로 전화응대를 하고 있습니까?	10	
	3. 숫자, 이름 등을 복창합니까?	5	
	4. 양해 멘트(쿠션 용어)를 사용합니까?	10	
전화 받을 때	1. 정해진 문구를 사용합니까?	10	
	2. 자신의 소속과 이름을 밝혔습니까?	5	
전화 걸 때	1. 정해진 문구를 사용합니까?	10	
	2. 자신의 소속과 이름을 밝혔습니까?	5	
	3. 고객님이 맞는지 확인(복창)했습니까?	5	
	4. 고객님께 통화 가능 여부를 확인했습니까?	5	
	5. 전화 종료 시 적절한 마무리 인사를 했습니까?	5	
기타	미소, 밝은 음성, 수업태도, 지각 등	20	
총점		100	

행동이 뒤따르지 않는 비전은 꿈과 같다.
비전이 없는 행동은 무작위적인 행동과도 같다.
비전과 행동이 함께 할 때 세상을 바꿀 수 있다.

-조엘 바커/미래학자-

당신이 제품의 질과 고객 서비스에 대해 심각하게
생각하면서도 당신에게 주어진 시간의 35%를
그것에 투입하지 않는다면 당신은 그것을 진정으로
심각하게 생각하는 것이 아니다.

-톰 피터스/컨설턴트-

부정적인 태도는 긍정적인 모든 능력들을
무용지물로 만든다.

-버드 바게트/저술가-

Chapter.2

검안
(시력검사)

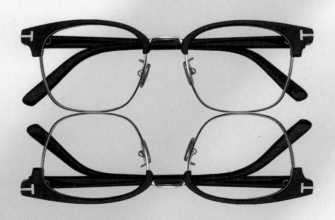

1. 구안경을 이용한 검사과정 및 안경처방 방법

초보 안경사에게 처음 굴절검사 후 안경처방을 하기 위해 가장 기초적인 유형의 고객인 안경을 착용하고 오신(구안경 정보가 있는) 고객의 검사 방법과 순서에 대해 알아보도록 하겠습니다.

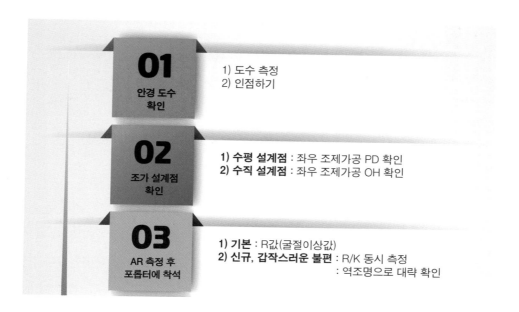

01 안경 도수 확인
1) 도수 측정
2) 인점하기

02 조가 설계점 확인
1) **수평 설계점** : 좌우 조제가공 PD 확인
2) **수직 설계점** : 좌우 조제가공 OH 확인

03 AR 측정 후 포롭터에 착석
1) **기본** : R값(굴절이상값)
2) **신규, 갑작스러운 불편** : R/K 동시 측정
   : 역조명으로 대략 확인

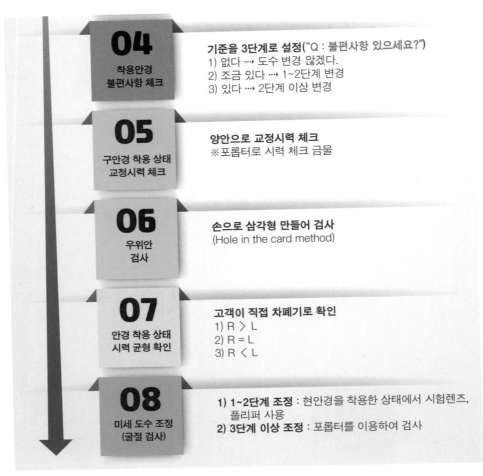

04
착용안경
불편사항 체크

기준을 3단계로 설정("Q : 불편사항 있으세요?")
1) 없다 ⋯→ 도수 변경 않겠다.
2) 조금 있다 ⋯→ 1~2단계 변경
3) 있다 ⋯→ 2단계 이상 변경

05
구안경 착용 상태
교정시력 체크

양안으로 교정시력 체크
※포롭터로 시력 체크 금물

06
우위안
검사

손으로 삼각형 만들어 검사
(Hole in the card method)

07
안경 착용 상태
시력 균형 확인

고객이 직접 차폐기로 확인
1) R > L
2) R = L
3) R < L

08
미세 도수 조정
(굴절 검사)

1) 1~2단계 조정 : 현안경을 착용한 상태에서 시험렌즈,
   플리퍼 사용
2) 3단계 이상 조정 : 포롭터를 이용하여 검사

▲ 안경을 착용하고 오신(구안경 정보가 있는) 고객의 검사 방법과 순서

①안경 도수 확인(우선 일반 단초점렌즈의 고객부터 트레이닝을 합니다)

검사를 시작하려면 그전에 안경의 정보를 먼저 체크해야 합니다. 안경원에 자동
렌즈미터가 있으면 단초점 고객의 안경을 0.25D Step으로 도수를 확인합니다. 안
경렌즈의 상태, 조제가공의 상태에 따라 도수 측정이 정확하지 않을 수도 있습니다.
스크래치가 많거나 조제가공의 문제로 안경렌즈가 휜 경우 등 안경렌즈의 컨디션에

따라 정확한 측정이 되지 않을 수도 있습니다. 조금 더 정확하게 측정하고 싶은 경우에는 자동렌즈미터의 측정 단계를 0.01D로 측정하거나 수동렌즈미터로 측정하는 것을 추천합니다. 도수 측정을 하고 동시에 인점을 합니다.

이후 측정한 도수를 처방전에 옮겨 적거나 자동렌즈미터에 안경처방도수 출력기 능이 있으면 출력하여 이후 과정에 참고를 합니다.

② 조제가공 설계점 확인(좌우-PD, OH)

개인 PD측정자를 이용하여 인점된 조제가공 설계점을 체크하여 기록합니다.
- 좌우 수평 설계점 : 조제가공 PD
- 좌우 수직 설계점 : 조제가공 OH

원래는 착용하고 오신 안경의 모든 변수(parameter)를 측정, 메모하여 검사를 하는 것이 원칙이나 초보안경사에게는 어렵기 때문에 위의 1, 2번정도 체크하여 검사를 시작합니다.

※ 검사를 들어가기전 체크해야 하는 변수들
1. **안경테 관련** : 컨디션(제품 상태), 조제가공상태, 개인피팅변수 체크(안면각, 경사각, 정점간거리) 등
2. **렌즈 관련** : 컨디션, Stock-RX렌즈의 구분, 마크의 확인으로 제품 종류 판단, 렌즈설계 판단 등

---

③ AR(Auto-Refractor) 측정 후 포롭터에 착석

④ 문진, 특히 착용하신 안경(구안경) 불편한 것이 있는지 묻기

▼ 고객님, 현재 착용하신 안경에 불편한 점이 있으세요?

현재 안경 불편사항 문진		오늘 안경처방 대략적인 기준
① 불편함이 없다.	⋯▸	도수를 변경하지 않겠다.
② 전보다 조금 덜 보이는 것 같다. 한번 테스트 해보고 (결정하고) 싶다.	⋯▸	검사 후 비교하여 1~2단계 정도 장용 후 만족 하면 안경처방 변경을 하겠다.
③ 많이 안 보인다. 선명하게 보고 싶다.	⋯▸	잘 보이도록 꼼꼼하게 안경처방을 해야겠다.

※ 문진을 하여 내가 안경처방을 어떻게 해야겠다는 기준을 크게 3가지로 설정한다.

이때, (1) 현재 안경의 도수와 (2) AR값, 그리고 (3) 문진의 답변만 들어도 어느 정도 예상을 할 수 있어야 합니다.

예제)

	현재 안경 도수	AR값	문진의 답변	오늘 처방의 대략적 기준
고객 1	OU S-2.50	OU S-3.00	불편함 없다	도수를 변경하지 않겠다
고객 2	OU S-2.50	OU S-3.50	멀리가 덜 보인다	도수를 1~2단계 변경을 해야겠다.
고객 3	OU S-2.50	OU S-5.00	중2, 불편함이 없다.	교정시력 체크, 근업을 많이 해서 AR이 높게 나올 수도 있음. 크게 불편함 없다 고 하니 도수 변경은 최소한으로
고객 4	OU S-2.50	OU S-3.00	덜 보인다. 선명하게 봤으면 좋겠다.	도수는 올릴 것이 없어 보임. 꼼꼼하게, 미교정된 난시가 있는지 확인 해야 겠다.

- 일반적으로 AR의 경우 단안 타각적굴절검사값으로, 자각적 굴절검사는 양안시력누가현상(단안시력보다 양안시력이 더 좋아 목표하는 시력(예. 1.0)을 교정하기 위한 도수가 덜 들어갑니다)으로, AR값 보다 약 2~3단계 낮게 처방이 됩니다. 이는 측정하는 AR의 성능에 따라 다르고, 고객의 눈 상태에 따라 다르므로 맹신하지는 말아야 합니다.
- 그래서 저는 정확도를 높이기 위해 예전부터 좋은 AR기기를 선호합니다. 성능이 좋은 AR기기를 사용하면 100%는 아니더라도 예측 정확도가 높아져 안경처방을 만족할 성공 확률이 높아집니다.

⑤ 안경(구안경) 착용하고 교정시력 체크

안경사의 시 관리(Vision care)에는 여러 가지 있겠지만, 가장 기본은 '시력'이라고 생각합니다. 초보 안경사에게는 현재 안경을 착용하고 시력을 측정하는 (현재 안경) 교정시력이 기본이겠지만, 나중에 경험이 쌓이다 보면 나안시력, 노안이 아니더라도 근용시력 체크 또한 중요하다는 것을 알게 될 것입니다.

착용하고 오신 안경을 쓰고 교정시력을 단안, 양안 순서로 확인합니다. 이때 몇몇 안경사들이 굴절검사를 이어서 빨리하기 위해 포롭터에 안경도수를 장입하여 교정시력을 체크하기도 하는데, 절대 그래서는 안 됩니다. 현재 안경을 쓴 상태의 고객 착용 습관, 정점간거리, 교정시력을 확인할 때 눈을 찡그리는지 등을 확인해야 하는데, 포롭터를 사용하면 불가능합니다. 포롭터는 AR값, 현재안경 도수를 이용하여 빨리 렌즈비교를 통한 자각적 굴절검사 결괏값을 얻기 위함이고, 장용검사를 하기 위한 전 단계의 과정 정도로만 생각하면 됩니다.

착용한 안경의 교정시력을 측정할 때 최대교정시력이 나오는 지점에서는 신중히 판단을 해야 합니다. 1.0 시표 등급에서 1개를 읽는지, 숫자 5개를 전부 다 읽는지를 확인하여 4번 과정에서 실시한 불편사항과 함께 생각을 하여 판단해야 합니다. 즉, 1.0 시표 등급에서 1개를 읽는 고객은 불편함이 없다 하였으면 오늘 안경처방도 그쯤이라 생각하시면 되고, 동일하게 1.0 시표 등급에서 1개를 읽는 고객이 "평상시 덜 보이고, 선명하게 보고싶다."라고 했다면 도수를 올려 1.0 시표 등급에서 1개보다 더 많이 읽을 수 있는지 확인 후 도수 변경을 고려하시면 됩니다.

고객마다 흐림의 포인트와 그 정도를 불편해하는지, 아니면 전혀 불편을 느끼지 못하는지에 대한 감각은 주관적이므로 꼭 문진과 교정시력 체크를 통해 주관적인 감각을 판단하여 오늘 안경처방을 할 대략적인 목표를 이 단계에서 설정하는 것이 중요합니다.

⑥ 우위안 검사

우위안 검사 후 안경처방에 적용할 때 중요한 것은, 안경을 오랫동안 사용했거나, 40세가 넘는 사람이 현재 우위안이 아닌 쪽이 더 선명하게 보고 있어서 우위안을 적용하여 선명하게 보는 눈을 바꾸는 것은 위험할 수 있다는 점입니다. 이런 경우에는 구안경의 상태를 유지하고, 변경 시 꼭 장용검사 및 고객과의 커뮤니케이션이 필요합니다.

⑦ 안경(구안경) 착용하고 시력의 균형 확인

이 과정은 많은 안경사들이 체크하지 않을 수도 있습니다. 그 이유가 무엇인지를 곰곰이 생각해보면 아마 다음 때문일 것입니다.

> "구안경에서 양안균형이 맞지 않는 것은 별로 중요하지 않다. 왜냐하면, 오늘 새롭게 검사해서 양안균형을 맞춰 처방해 줄 것이기 때문이다. 또한 시력은 두 눈으로 보는 것이 기본이기 때문에 양안시력이 더 중요하며, 오른쪽, 왼쪽을 교대로 보다 보면 예민한 고객의 경우 균형을 맞추지 못해 오히려 검사의 주도권을 뺏기고 안경처방이 더욱 어렵기 때문이다."

맞는 말이기도 합니다. 하지만 이전 우위안 검사에서 설명을 했겠지만, 지금 착용하고 있는 안경을 오랜 기간 사용하였고, 우위안이 선명했는지 흐렸는지 판단하지도 않은 상태에서 새로운 굴절검사에서 양안 균형을 맞춰주면 된다는 생각은 이론적인 안경처방일 뿐입니다.

5번 과정에서 체크한 교정시력을 토대로 기준을 잡아 우안, 좌안을 교대로 가려 시력 차이가 있는지를 확인합니다. 5번 과정에서 교정시력이 0.8 정도 나왔다면 0.8 시표 등급을 띄워놓고 오른쪽, 왼쪽을 차폐기로 가리면서 어느 쪽이 선명한지, 또는 비슷한지를 물어봅니다.

이때 추천하는 방법은, 처음 교대로 시력을 확인할 때는 차폐기로 안경사가 직접 시범을 보이고, 이어서 확인할 때는 고객에게 직접 자기 손으로 한번 해보시게 한다. 검사의 주도권을 고객에게 뺏겨 싫어하는 안경사 선생님들도 계시지만, 고객이 직접 해서 확인하고 다시 균형을 맞춰주면 본인이 직접 해봤기 때문에 훨씬 신뢰를 하고 처방에 이해와 동의도 쉽게 얻을 수 있다는 장점이 있습니다. 어느 정도 임상 경험이 있고 고객의 심리에 휘말리지 않을 정도가 될 때 이 과정을 사용하시는 것을 추천합니다.

또한 이러한 과정은 현재 착용 중인 안경이 시력에 크게 변동이 없었을 때의 미세 조정을 의미합니다. 현재 안경의 교정시력이 0.5 이하의 경우는 빠르게 도수를 장입해야 하므로 포롭터로 굴절검사를 시행해야 합니다.

지금까지 간단하게 7가지 과정으로 안경을 착용하고 오신 고객의 굴절검사 과정을 알아보았습니다. 여기에서 예로 든 사례 유형의 고객은 많은 도수 변경이 없고, 성장기의 학생처럼 단순한 근시의 증가인 경우가 대부분일 수도 있습니다. 하지만 초보 안경사가 이러한 고객의 유형으로만 안경처방을 트레이닝 하여 단순히 굴절검사와 안경처방을 경험하면 다양한 방면에서 실력이 늘기가 쉽지 않습니다. 여기에서 더 나아가 고객과 대화하는 방법, 고객과 쉽게, 빨리 친밀해지는 방법, 고객 유형의 판단, 나만의 검사 용어(멘트), 고객을 두려워하지 않는 자신감 등을 신속히 체감하여 배우고 정립시켜야 이론과 임상경험이 합쳐진 지혜로운 안경처방을 하는 안경사로서 발전할 수 있습니다.

임상에서 말하는 좋은 안경처방에 **정답은 없고 흔들리지 않는 기준으로 오차를 줄여나가는 과정**입니다. 30여년 안경원을 운영하고 수백 명의 안경사 직원을 채용하며 트레이닝을 해보니 처음에는 이러한 과정으로 단련하고, 이후에는 다양한 임상경험을 소개하여 직접 경험하게 해주는 게 좋았던 것 같습니다.

가장 중요한 것은 자신감을 갖고 말문이 트여야 한다는 것입니다. 누구나 처음에는 두렵겠지만 자신 있게 첫발을 내딛고, 첫 날갯짓을 하여야 비로소 멋진 안경사 인생을 시작할 수 있습니다. 여러분의 처음 도전을 항상 응원하겠습니다.

2. 문진의 중요성

시력검사에 있어서 가장 중요한 것은 문진(History taking)이라고 생각합니다.

> "나무를 베는 데 6시간이 주어지면 4시간 도끼를 갈겠다."
>
> – 에이브러햄 링컨

저는 이 말을 아주 좋아하고, 항상 문진의 중요성을 생각할 때마다 이 명언을 떠올립니다. 만약 시력검사에 10분이 소요된다면 7분 정도의 시간을 문진으로 사용해야 한다고 생각하고, 실제로 저는 문진에 아주 많은 시간을 할애합니다.

학교에서 배우는 문진은 아주 간단하고 중요성을 많이 강조하지 않습니다. 문진에서 '문'은 '問(물을 문)'입니다. 문진은 곧 질문입니다. 질문을 통해서 그 사람의 심리적 상태와 성격까지 파악해야 합니다. 그 사람의 목소리, 태도, 표정, 기타 등등 모든 것을 살피면서 대화를 해야 합니다. 문진을 통해 얻어낸 정보를 바탕으로 우리는 안경 처방을 해야 합니다. 처방을 위해서는 반드시 현명한 문진이 필요합니다. 검사만 하기 위해서는 문진이 필요 없습니다.

현장에서 근무하다 보면 많은 안경사들이 반대로 하는 경우가 많이 있습니다. 심지어 문진 과정 없이 바로 검사로 들어가는 경우도 종종 있습니다. 저는 그럴 때마다 안타깝게 생각합니다. 문진이 없는 검사와 안경 처방은 클레임율이 상당히 높습니다. 안경을 맞춘 후 며칠이 지나 불편해서 방문하는 고객들을 제가 다시 확인해 보면 문진을 제대로 하지 않아 고객의 불편함이나 니즈를 파악하지 못하여 그러한 경우가 많이 있습니다.

문진은 곧 고객과의 소통입니다. 소통은 일반적인 수준을 넘어서서 상호간의 심적인 교류가 일어났을 때만 원활하게 이루어집니다. 소통을 잘 하면 다음 과정인 판매, 조제, 피팅 과정들이 수월하게 진행됩니다. 안경사의 영역인 시력검사, 판매, 조제, 피팅 등의 여러 과정 중에서 시력검사의 첫 과정인 문진을 통한 고객과의 소통이 가장 중요하고, 소통이 잘 이루어진 상황에서는 고객이 만족하시는 적절한 판매까지 이루어지기 때문에 안경원의 매출과도 직결됩니다.

여러분들도 안경원에서 근무를 하면 물론 검사를 잘하는 것도 중요하지만, 꼼꼼한 문진을 통한 시력검사로 고객과의 소통을 이끌어 내는 현명한 안경사가 되길 바랍니다. 그렇게 되려면 문진의 시간이 중요합니다.

경험이 풍부하다면 상황에 맞는 적절한 문진이 가능하겠지만, 초보 안경사의 경우에는 어떤 것을 물어봐야 할지 도통 모를 수 있습니다. 그래서 처음에는 문진을 최소 5~10분 정도 할 수 있는 질문을 만드는 것을 추천합니다. 제가 안경원에서 사용하는 문진 내용을 이 책에 적어 줄 수도 있지만, 그렇게 하면 문진이 너무 획일화될 수 있다고 생각합니다. 문진 내용은 사람마다 다르고 환경마다 다를 수 있어서 여러분들이 근무하면서 스스로 만들어 활용해 보는 것이 중요합니다. 문진은 곧 고객과의 대화입니다. 이 대화를 통해서 고객의 니즈를 잘 파악하시길 바랍니다. 잘하는 안경사는 고객의 니즈에 맞는 처방을 합니다. 안과의 안경 처방과 안경원의 안경 처방의 가장 큰 차이점이 이것이라 생각합니다. 우리는 고객의 니즈를 고려한 처방이고, 안과는 눈만 고려한 처방이라 생각합니다.

다시 한번 당부드리면 문진에 많은 시간을 할애해서 고객이 만족할 수 있는 처방을 하시기를 바랍니다. 아주 사소한 것 같지만 제가 생각하기에는 이것만 잘해도 충분히 성공할 수 있습니다. 성공의 지름길은 고객의 니즈를 파악하는 데서 출발합니다. 우리는 항상 고객의 니즈에 대해서 고민하고 연구해야 합니다.

- 이 고객의 니즈는 무엇일까?
- 어떻게 하면 고객이 만족할까?
- 지금 이 고객은 만족을 했을까?
- 내가 내린 처방이 고객의 니즈에 맞고 편안할까?"

절대 잊지 맙시다.
시력검사에 있어서 가장 중요한 것이 문진이라는 것을!

3. 구안경이 없을 때(구안경 정보가 없을 때) 안경 처방 방법

안경사들이 가장 어렵게 생각하고 실제 임상 현장에서 가장 클레임이 많은 경우는 구안경이 없는 때입니다.

안경을 처음 착용하는 사람은 비교적 쉽게 처방할 수 있습니다. 학교에서 배운 대로 처방을 해도 크게 무리가 없습니다. 단지 사람의 적응 여부에 따라 조금만 낮게 처방하면 크게 무리가 되지 않습니다. 하지만 지금까지 안경을 착용하고 있었는데 실수로 가지고 오지 않았거나, 분실했거나 파손해서 안경을 새로 맞춰달라고 하면 상황이 달라집니다.

구안경이 있으면 도수 체크 후 그것을 바탕으로 처방하면 훨씬 더 만족스러운 안경을 맞춰줄 수 있습니다. 하지만 안경이 없으면 구안경의 안경도수와 동일하게 처방하기는 하늘에서 별 따기보다 더 어렵습니다. 현실적으로 거의 불가능하다고 생각합니다. 왜냐하면 그 전에 안경사가 언제, 어떤 기준과 원칙으로 처방을 했는지 알 길이 없기 때문입니다. 일반적인 고객분들은 자기 눈에 맞는 도수는 하나만 있다고 생각하십니다. 하지만 안경 처방은 검사자의 기준과 원칙에 따라서 다르게 처방되는 것이 일반적입니다.

이렇게 안경 처방은 처방자에 따라 다를 수 있다는 것을 알아보기 위해 예전에 TV에서 실험을 해서 방영한 적이 있습니다. 한 사람이 몇 군데의 안과를 방문하여 안경 처방을 받아서 분석해봤더니 결론은 모두 다르게 처방되었습니다.

그렇습니다. 결론부터 말씀드리면 눈에 맞는 도수는 한 가지만 있는 것이 아니고 여러 가지 조건에 따라서 달라질 수 있는 것입니다. 결국 검사를 동일하게 할지라도 처방은 달라질 수 있다는 얘기입니다. 하지만 그 수많은 다양한 안경 처방 중에서도 처방을 잘하는 사람이 있고, 결국 그 안경사가 실력 있는 안경사라고 말씀드릴 수 있습니다.

그럼 어떻게 처방하는 것이 좋을까요?

저희 안경사들은 정답을 가지고 있지 않습니다. 정답은 고객이 가지고 있습니다. 오늘 내 처방을 고객이 착용해서 잘 보이고 생활하면서 불편이 없으면 되는 것입니다. 정답은 없지만 지혜로운 답을 찾는 방법을 알기 위해 우리는 노력해야 합니다. 그렇게 하기 위해서 가장 중요한 것은 '질문(문진)'입니다. 고객에게 질문을 많이 해야 합니다. 저는 항상 직원들에게 얘기합니다. **"고객의 편안한 안경 처방을 위해 스무고개를 한다고 생각하고 질문을 해라."라고 교육합니다.**

우리가 어릴 적에 스무고개를 해본 경험이 있을 것입니다. 상대방의 생각을 맞추기 위해 20번의 다양한 질문을 통해서 좁혀 나가면서 맞추는 게임입니다. 검사를 통한 안경 처방 또한 그 고객의 유형과 예전 안경에 대한 여러 가지 질문을 통해서 정보를 찾아가는 것입니다.

• 안경을 언제 맞추었는지?
• 안경을 계속 착용하지는지?
• 안경을 언제부터 착용했는지?
• 예전 안경이 잘 보였는지?
• 집에서만 착용하는지?
• 성격이 예민한지?
• 운동을 좋아하는지?
• 이번 안경은 잘 보이고 싶은지?
• 예전 안경의 교정시력은 얼마로 맞췄는지?
• 운전을 많이 하는지?
• 눈부심이 많은지
• 평소에 어지러움이 있는지?
• 청력은 좋은지?
• 학교에서 몇 번째 줄에 앉는지?
• 오늘 맞추는 안경의 용도는?
• 적응을 잘하는 체질인지?
• 직업은 어떤 계통인지?
• 안과에서 검사 받으신 적이 있는지?

이런 다양한 질문을 통해서 그 고객의 성격과 생활 환경, 고객이 원하는 시력 등을 예측하고 검안을 해야 합니다. 그래야만 그 정보를 통해 고객에게 꼭 맞는 안경 처방을 내릴 수 있습니다.

예를 들면, 어떤 사람은 난시가 있는데 처방을 하면 어지러워서 난시를 빼고 착용하는 사람도 있고, 어떤 사람은 난시를 100% 모두 교정하여 최고의 시력으로 안경을 맞춰서 착용하는 사람도 있습니다.

또 다른 예로 오른쪽과 왼쪽 눈의 시력이 다른 부등시의 경우에는 완벽하게 좌우를 교정하여 사용하는 고객도 있고, 어떤 사람은 시력 차이가 너무 커서 나쁜 쪽 눈의 도수를 낮게 내려 착용하거나, 절반만 처방받아 착용하는 경우도 있습니다.

구안경이 있다면 이 모든 고민이 해결될 텐데, 없다면 잘 처방될 확률이 50%밖에 되지 않습니다. 그래서 직원들이 가장 많이 어려워하고 클레임이 많이 발생하는 경우입니다. 하지만 앞에서 얘기했듯이 스무고개를 하듯이 차근차근 질문을 하면 고객이 원하는 도수를 처방하는 데 많은 도움이 될 것입니다. 그 답을 듣고 어떤 처방을 할 것인지 실시간으로 고민해야 합니다.

- 난시를 처방할까, 말까?
- 사축(난시의 대각 방향 축)을 교정할까 말까?
- 난시를 줄이고 등가구면을 이용한 처방을 할까?
- 부등시 차이를 어느 정도 줄일까?
- 완전교정을 할까, 저교정을 할까?

이러한 생각을 하면서 어느 정도의 기준을 정하고 검사를 하면 한결 쉬워집니다. 그래도 구안경이 없는 상태에서 클레임이 발생할 확률은 항상 존재한다는 사실을 명심해야 합니다. 이러한 경우의 처방은 꼭 구안경과 달리 불편할 수 있다는 것을 고객에게 미리 어필하는 것도 좋은 방법입니다.

신이 아닌 이상 예전 안경과 똑같이 맞춰주기에는 현실적으로 어렵습니다.

고객의 성격, 습관, 그전에 처방을 내린 안경사의 실력, 현재 처방을 내리는 안경사의 임상 경험에 따라 처방은 천차만별입니다. 고객 입장에서 보면 이해가 되지 않지만, 실제 임상을 경험해 보면 사람의 눈은 정답이 없다고 생각합니다. 그래서 우리 안경사들은 이런 여러가지 변수들을 예측해서 불편함 없이 만족시켜줘야 되는 대단한 직업이라고 항상 생각합니다.

안과 처방은 이론적인 교정에 따른 안경 처방 측면이 강하고, 안경원 처방은 이론의 검사를 토대로 잘 보이고 편안하게 잘 적응할 수 있도록 여러 가지 변수를 고려하는 것이 이 두 가지 처방의 차이점이라고 생각합니다. 바라보는 사람의 관점에서는 다르겠지만, 저의 개인적인 생각으로는 앞으로의 적응과 편안한 처방의 관점에서 봤을 때 안경원의 처방이 조금 더 현실적인 처방이라고 생각합니다.

조급해하지 마시고 여러분들이 꾸준한 임상과 경험을 토대로 고객과 다양한 질문을 통해 고객의 성격과 니즈를 빨리 파악하는 원칙과 기준을 설정하신다면, 좋은 안경 처방을 할 수 있을 거라 생각하고, 이런 진정한 안경사가 되길 기원합니다. 이런 능력을 소유하기 위해서 개인적으로 심리학 책을 한 권 정도 정해서 수시로 읽는다면 당신의 안경 처방 실력이 한층 더 발전할 것이라고 생각합니다. 결국 사람의 마음과 심리를 이해하는 것이 곧 고객의 만족을 이끌어낼 수 있는 좋은 방법인 것 같습니다. 검안 책도 좋지만, 임상에서의 안경 처방에는 심리학 책이 더 많은 도움을 받을 수 있을 것입니다.

예를 한 번 들어보겠습니다. 서울 어느 안경원이 안경을 잘한다고 소문이 나서 아내와 함께 방문해봤습니다. 매장 분위기는 아주 멋스럽고 고급스럽게 실내장식을 잘해놨습니다. 안경테를 고르고 검안을 해서 안경 처방을 받았습니다. 여러 가지 눈에 대해 설명을 듣고 아내는 안경사가 설명해 주는 제품으로 안경을 맞췄습니다. 안경테 + 안경렌즈(국산) 금액으로 60만원 정도 주고 맞추었습니다. 2~3일 뒤에 찾아가라고 연락이 와서 며칠 뒤에 다시 와서 착용해 보니 안경이 어지럽고, 한쪽 눈이 이상하게 초점이 안 맞는 것 같다고 하면서 못 쓰겠다고 했습니다.

아내의 구안경 도수와 새로 맞춘 안경 처방은 아래와 같습니다.

구안경 도수	새로 맞춘 안경 도수
R : S−0.25D	R : S−0.25D C−0.25D AX 80
L : S−0.50D	L : S−0.25D C−0.50D AX 90

새로 맞춘 안경 처방을 보면 난시 처방이 추가되었습니다. 난시를 한 번도 착용해 보지 않았는데 잘 보이는 것만 강조해서 클레임이 발생한 것입니다. 설사 난시가 있더라도 질문을 통해 고객의 습관과 경험을 한 번쯤 체크했다면 난시 처방을 하지 않았을 수도 있었을 것 같습니다. 아내가 하는 말이 "안경 처방이 6만원짜리보다 못하다"라고 하였습니다. 그래서 제가 다시 구안경 도수로 바꿔줬습니다. 아내는 이 정도만 해도 충분하고 편하다고 하면서 잘 착용하고 다닙니다. 이런 경우가 허다합니다. 특히 경험이 부족한 안경사일수록 이러한 경우가 많습니다.

이 책을 통해 젊은 안경사 또는 초보 안경사분들께 부탁드립니다.

경험이 부족하여 이러한 처방을 하고 클레임이 발생하는 것은 잘못된 것이 아닙니다. 저 또한 초보 때는 그랬습니다. 하지만 이러한 경험을 발판 삼아 다시는 똑같은, 비슷한 유형의 실수나 클레임이 발생되지 않도록 더욱 연습하고 선배 또는 원장님께 피드백을 받아서 본인의 처방 방법을 수정할 필요가 있습니다.

학교에서 배운 지식과 이론만이 정답이 아니고, 정답은 고객이 가지고 있다는 것을 명심해야 합니다. 항상 고객의 소리에 귀 기울이는 자세와 고객을 잘 파악해서 처방하기를 부탁드립니다.

검사와 처방은 다르다는 것을 인지하고 검사를 잘하는 안경사 보다 처방을 잘 내리는 안경사가 되시길 바랍니다. 검사를 잘하는 직원들은 많은데 처방을 잘하는 직원들은 드뭅니다. 그만큼 어렵다는 뜻입니다. 어려운 것을 터득하고 습득해야 여러 분들이 성공할 수 있다는 것도 기억하시기 바랍니다.

쉬운 것은 누구에게나 쉬운 것입니다. 어려운 것을 고민하고 생각해서 능수능란 하게 할 수 있다면 최고의 본인만의 차별화가 될 것입니다.

"검사를 잘하는 안경사 보다 처방을 잘하는 안경사가 되자!"

**"검사의 원칙은 완전교정이고,
처방의 원칙은 고객의 성격, 심리상태, 직업, 체력, 니즈를 고려하여
다르게 하는 것이 안경처방이다"**

▼ 임상적으로 좋은 안경처방의 원칙

1. 난시를 수정할 경우 등가구면을 고려한 처방을 한다.
2. 난시축이 사축인 경우 대칭으로 처방하는 것이 좋다.
3. 좌우 도수 차이를 최소로 하는 처방이 좋다(상배율).
4. 우위안을 고려한 처방을 한다.

4. 구안경 조제가공 PD와 측정 PD가 다를 경우의 판단

① 동공간 거리(Pupillary Distance) 측정의 중요성

안경렌즈의 광학중심(Optical Center)을 정확히 눈과 일치시켜주는 동공간 거리(PD) 측정은 여러 가지 이유에서 매우 중요한 작업입니다. 하지만 대개 안경원에서 대수롭지 않은 작업으로 생각하여 습관적으로 대략적인 측정을 하는 경우가 대부분이고 양안 PD만 측정하는 경우, AR(자동안굴절력계)로 측정된 양안 PD측정값으로 설정하여 안경을 만드는 경우, 시간이 없어 측정하지 못해 남·여 또는 집에 가신 손님의 대략적인 머리 크기를 상기해가며 안경을 만드는 등 문제가 심각하다 할 수 있습니다.

정확한 중심 일치(Centration)는 안경렌즈를 용도에 맞는 시각 영역과 일치시켜 최적의 위치에 놓는 작업으로 눈의 시축(Visual axis)과 안경렌즈의 광축(Optical axis)을 일치시키는 과정을 의미합니다. 이는 선명한 상의 질을 유지하고, 원하지 않는 프리즘 효과로 발생하는 문제들을 최소화하며, 안경렌즈 표면에서 반사에 의한 고스트 이미지가 생길 확률을 최소화해줍니다.

성인의 경우 얼굴 형상과 특성에 따라 PD 측정값은 어느 시점 이후 일정하게 유지되어 절대 측정값으로 측정, 기록될 수 있습니다(거의 변하지 않습니다). 하지만 이 측정값을 안경 조제가공에 적용할 경우 렌즈를 고정하고 있는 안경테의 위치와 경사에 따라 값이 달라지며, 주시거리에 따라서도 달라지게 됩니다.

② PD 측정 방법

PD측정은 측정하는 사람, 측정하는 방법에 따라 오차가 발생합니다. 따라서 어떠한 측정 방법이 옳고 그르다 할 수는 없지만, 안경원의 환경에 맞는 **장비와 숙달된 방법**으로 정확하고 간결하게 측정하여 2~3가지 측정값들을 서로 비교하여 오차를 줄이는 과정을 권하고 싶습니다.

아래의 PD 측정방법에서 2~3가지 측정값을 **비교하여 오차를 줄여 결정해야** 합니다.

측정 방법	측정 데이터
자동안굴절력계(Auto Refractometer)	양안PD
PD미터	단안PD
PD자 + 펜라이트	단안PD
측정기기(Digital centration) • ZEISS VISUFIT 1000 • ZEISS i.Terminal 2 • Essilor VISIOFFICE X	단안PD + 여러 가지의 피팅 파라미터

③ 조제가공 PD의 결정

앞에서 말한 대로 측정PD에 안경렌즈의 광학중심점을 일치시키기 위해 조제가공PD(조가PD)로 설정을 해야만 중심 일치가 될 수 있습니다.

여러 가지 PD에 관련한 임상법칙들이 있겠지만, **측정PD와 조가PD의 일치는 변하지 않는 원칙입니다. 또한 오차 없이 조제가공을 하도록 노력하는 것 또한 원칙입니다.**

특히, **누진다초점렌즈, 기능성렌즈, 양면비구면렌즈 등 개인맞춤에 관련한 안경렌즈의 경우에는 측정PD와 조가PD가 일치되어야만** 고객이 원하는 시각영역에 최상의 성능을 낼 수 있는 안경이 완성되게 됩니다. 위 안경렌즈에서 문제가 발생하게 된다면 특히 **설계점과 피팅을 우선적으로 체크해야** 합니다.

하지만, 다양한 임상 사례에 따라 **새로운 안경의 빠른 적응을 위해** 측정PD, 기존 안경의 조가PD의 정보를 이용하여 새로 가공하는 안경의 조가PD를 수정하는 작업을 고려할 수도 있습니다.

아래와 같이 조가PD의 결정이 어려운 다양한 경우와 임상에서 허용되는 범위를 안내하고자 하니 똑같이 결정하지는 않아도 결정에 도움이 되었으면 합니다.

여기에서 언급할 PD와 관련된 내용들은 고객의 **안위는 정위**(사위가 없는)**라고 가정**하고 또는 사위는 고려하지 않은 상태에서 측정PD의 조가PD 결정에 대해서 언급하고자 합니다.

다음번에 기회가 된다면 사위와 시습관을 고려한 PD의 결정에 관하여 말씀드리도록 하겠습니다.

④ PD 결정의 견해

측정PD와 조가PD를 어떻게 결정할지에 관련하여 많은 안경사가 고민할 것입니다. 간단한 기준을 갖고 오차 발생 시 접근하는 방법을 간결하게 알게 되면 쉽게 해결할 수 있습니다. 대부분의 큰 고민은 현장에서 바로 대처하지 못하는 변수가 생겼을 때 임의로 조정하는 폭이 커지기 마련입니다. 안되는 것은 안되는 것입니다. 본인의 허용범위를 즉흥적으로 크게 하여 순간의 상황을 임시방편으로 넘기지 말아야 합니다.

앞에서 말한 것을 정리하면 핵심은 아래와 같습니다. (번호가 내려갈수록 이론과 기준에서 멀어지고 범위의 폭이 커져 혼동할 수 있습니다.)

① **조제가공 원칙** : (PD)오차가 없는 안경을 조제하는 것
② **허용오차** : 부득이하게 오차가 발생하였을 때 허용되는 범위
　Ex.1) 사위가 없는 고객의 원용안경의 경우 개산을 강요하지 말자.
　Ex.2) 근시안의 고객이 일반적인 약간의 외사위인 경우 PD가 약간 길어지는 것의 오차는 짧아지는 것에 비해 허용할 수 있다.
③ **임상적 조정 범위** : 안경사가 경험상 "이 정도는 괜찮더라"라고 말하는 주관적 범위

안경사가 질문을 하였습니다.

→ 고도수 안경에서 가장자리 두께를 고려하여 PD를 몇 mm씩 어느 정도까지 조정할 수 있을까요?

위 기준에 비교하여 분석하면

첫째, 조제가공의 원칙을 무시하였으며

둘째, 허용오차범위를 넘어서는 범위이며

셋째, 주관적인 적당한 클레임 안나는 정도를 물어보는 질문이라 할 수 있습니다.

허용오차범위가 더욱 적은 고도수인데 이러한 기준을 무시하고 큰 오차를 의도적으로 만들겠다고 하면 정확하게 측정한 PD는 아무 소용이 없습니다. 다시 한번 말하지만 측정PD와 조가PD의 일치는 변하지 않는 원칙입니다. 또한 오차 없이 조제가공을 하는 것 또한 원칙입니다.

case 1.
처음 안경, 좌우 PD 차이가 많은 경우

● 조제가공PD의 결정방법

① 대략적인 외관검사(External test)를 통해 코를 기준으로 좌우의 비대칭 여부를 관찰

② 2~3가지 방법을 이용한 PD측정 후 비교하여 오차 줄이기

③ 양안 PD 결정 → 단안 PD 결정

측정 방법	측정 데이터
AR	PD : 64mm

안경처방	R : S−2.00D
	L : S−2.00D
PD meter	R : 30mm, L : 34mm → AR과 PD meter를 통해 양안 PD가 같은 것을 확인 → **양안 PD가 같고, 단안 PD의 오차는 상대적으로 문제가 줄어든다.** (이 페이지 맨 아래 표에서 설명)
PD 자 + 펜라이트	생략(숙달만 되면 간결하고 정확합니다. 안과는 이 방법을 주로 사용합니다.)
측정기기 (Digital centration) − ZEISS VISUFIT 1000 − ZEISS i.Terminal 2	(0.1mm 단위로 측정, 주문 및 가공은 0.5mm 단위) − 합계 64.2mm → 0.5mm 이하는 허용오차이기 때문에 양안 PD가 64mm로 결정되는 것은 합리적 ① R : 30.5mm, L : 33.7mm −〉 R : 30.5mm, L : 33.5mm로 결정 → 0.1mm 단위로 측정되기 때문에 기준을 정하고 판단하는 것이 좋다. 예를 들면 0.5를 기준으로 0.2mm까지는 버리고(0으로 하고), 0.3mm부터는 0.5로 올리겠다. | 예	R/L PD	수정된 R/L PD	양안PD
---	---	---	---
1	30.5 / 33.7	30.5 / 33.5	64mm
2	30.2 / 33.8	30.0 / 34.0	64mm	 ※ R, L 모두 늘어나는 방향, 또는 줄어드는 방향으로 각각 0.2mm씩 이동하여도 **총** **0.4mm 변화**이고 허용오차범위 0.5mm 안쪽의 오차이다. ※ 원용안경은 상대적으로 두 눈이 원방으로 벌어져 있는 상태이므로 개산부담(BI△영 향)을 주면 안되기 때문에 PD보다 안경테 사이즈가 너무 큰 경우에도 눈에 발생하는 인 위적인 프리즘 효과를 방지하기 위해 안경렌즈 제조사에 RX로 편심렌즈를 주문하여 가 공하여야 마땅합니다.

● 총 양안PD는 맞지만 단안PD를 다르게 조제가공하면?

만약, 오른쪽 왼쪽 도수가 비슷하고(수평경선 도수), 양안 PD는 같지만 좌우 PD가 한쪽은 크고 한쪽은 작다면 양안시 상태에서 유발되는 수평프리즘값이 상쇄되어 폭주 또는 개산을 유발하지 않습니다(프리즘 효과가 발생하지 않음).

	안경처방	PD	정면	정면(양안)	우측 10mm	우측 10mm (양안)
① 가공	R S−2.00D	30mm(정확)	0△	0△	2△BO	0△ (상쇄)
	L S−2.00D	34mm(정확)	0△		2△BI	
② 가공	R S−2.00D	32mm	0.4△BI	0△ (상쇄)	1.6△BO	0△ (상쇄)
	L S−2.00D	32mm	0.4△BO		1.6△BI	

처음 안경을 착용하는데 좌우 PD 차이가 많은 경우 측정된 값 그대로 가공하기를 꺼리는 것은 마치 부등시의 안경을 처음 착용하는 환자에서 좌우 도수 차이를 줄여주기 위해 조정을 고민하는 것보다 **훨씬 고민하지 않아도 되는 과정**이라고 볼 수 있습니다. 측정된 값으로 자신 있게 안경렌즈를 가공하면 됩니다.

양안 PD를 균등하게 반으로 나누는 처방은 안경렌즈의 두께, 무게 균형이 좋고 가공의 편리함이 있어 좌우 도수가 비슷하거나 일반 기본 안경렌즈의 경우에는 사용되기도 합니다. 하지만 양안의 프리즘 효과는 상쇄되어 발생하지 않아도 광학중심점을 지나쳐 주시하게 되면 수차가 발생하여 상의 질이 떨어지게 됩니다.

따라서, 처음 안경을 쓰게 되는 고객의 안경처방은 편안한 도수 결정을 좀 더 고민하되 좌우 PD 차이가 크더라도 정확하게 측정되었다면 그대로 가공하도록 추천합니다.

case 1.

안경 착용 중, 구안경 조제가공 PD와 측정된 PD가 차이가 많은 경우

안경 착용 중인 고객의 조제가공 PD와 새로 맞추기 위해 측정한 PD가 차이가 크면 안경사는 많이 고민하게 됩니다.

● 기존 안경의 조가PD와 측정PD가 다른 경우의 예상 추측

(일반적으로 조가PD가 측정PD보다 더 클 것입니다.)

- 측정 PD보다 안경테 사이즈가 큰 안경테를 골랐을 때(특히 직경이 작은 원시 안경렌즈)

- 사이즈가 큰 선글라스(또는 안경)에 측정PD가 작아 편심으로 렌즈를 주문했어야 하는데 그렇지 못하여 조제가공 PD를 늘린 경우

- 사위에 따른 프리즘 처방(광학중심점 편심, 또는 주문 프리즘렌즈)
- 두께에 예민한 고도수 고객에서 코쪽과 귀쪽의 렌즈 두께 차이를 줄이기 위해

사이즈가 큰 선글라스나 고글의 경우에도 편심 주문안경렌즈로 주문하여 측정 PD에 맞게 조가PD를 설정하여 정확하게 가공을 해야 합니다. 안경테 사이즈가 커서 어쩔 수 없다는 핑계는 허용될 수 없습니다.

● 구분해야될 사항은 의도적인 PD의 조정인지, 아니면 측정 방법에 따라 나타나는 일반적인 오차인지를 구분할 필요성이 있습니다.

※ 의도적인 PD의 조정인 경우

- 양안 PD차이가 좌우 동일하게 발생(일반적으로 측정PD에 비해 구안경 조가PD가 좌우 모두 큼)
- 좌우 PD차이가 많은 경우 균형을 위해 절반으로 가공(양안PD는 맞는 경우)

※ 측정에 따라 나타나는 일반적인 오차에 의한 PD는 좌우 PD가 약간 다름(양안PD는 거의 같음)

● 기존 안경과 새로 가공할 안경의 PD가 다를 경우 가장 우려하는 것은 오차 없이 정확하게 만든 새로운 안경을 고객님께서 잘 적응할지에 관련된 여부입니다. 사위, 안경렌즈 설계, 피팅 등 안경 적응에 관련된 사항을 제외하고 오로지 PD만 놓고 보았을 때 연관되는 사항은 프리즘 영향입니다. 즉 지금 쓰고 있는 안경의 조가PD가 다르더라도 그동안 크게 문제 없이 잘 쓰고 있는데, 새로 맞추는 안경원에서 비싼 디지털기기로 측정한 PD가 다르게 측정 되었다 하더라도

1. 굳이 바꿀 필요가 있을까?
2. 바꾸면 어느 정도의 양을 수정을 해야 할까?

손님의 주관적인 견해(편안함)를 제외한 광학적인 성능을 보면 정확하게 측정된 PD로 재조정하여 조제가공된 안경을 착용하면 선명한 상(수차 최소화), 편안함(프리즘 유발 없음)이 가능합니다. 하지만 그 차이가 상황에 따라 작을 수는 있습니다.

이론적으로의 수정할 수 있는 PD의 범위는 편광시표로 검사한 주시시차 변화가 없는 범위까지 수정할 수 있다고 제안을 합니다. 하지만 초보 안경사 또는 검사 환경이 제공되지 못하는 경우가 많아 간단하게 원칙과 허용오차는 벗어나지만, 그동안의 임상경험으로 **어느 정도 허용되는 PD 조정 범위를 여러 예제로 제시해 보고자 합니다.**

● **수정하는 방법**(① ⋯ ③으로 갈수록 정확하지만, 적용이 어려울 수 있습니다.)

① 수정은 절반

② 도수 크기에 따라서 수정

- 5D 이하는 단안 최대 2mm, 또는 양안 4mm 이내 수정(두 가지 방법 중 한 가지로)
- 5.25D 이상은 단안 최대 1.5mm, 또는 양안 3mm 이내 수정(두 가지 방법 중 한 가지로)

③ 차이가 있더라도 오늘 측정한 PD로 안경 가공 (조제PD를 설정하는 방법 설명하기 위해 극단적인 수치로 예를 들어보았습니다. 참고만 하시기 바랍니다. 앞에서 설명해 드린 바와 같이 사위, 프리즘 적용을 배제한 측정PD, 조제PD의 수정방법의 예제입니다)

예제		구안경 조가PD		측정PD		수정된 새로운 안경 조가PD		해설
		R	L	R	L	R	L	
1	OU S-2.00D	31	31	30	30	30.5	30.5	구안경과 차이가 나는 양의 절반으로 수정

2	OU S-4.00D	34	34	30	30	32	32	두 PD 차이는 양안 8mm, 단안 4mm이고 절반으로 줄이면 단안 2mm, 도수가 5D 이하이기 때문에 32mm로 수정
3	OU S-4.00D	32	32	30	30	31	31	만약에 위 손님이 다시 방문한다면 한번 수정되어 양안 4mm 차이가 나고, 5D 이하이기 때문에 측정된 30mm로 2mm씩 줄여 30mm로 맞춰도 되지만 절반만 수정하는 원칙을 지킨 방법
4	OU S-4.00D	35	35	30	30	33	33	두 PD의 차이는 양안 10mm이고 절반으로 줄이면 단안 2.5mm이지만 단안 최대 2mm까지 수정해야 하므로 33mm로 수정
5	OU S-7.00D	34	32	30	30	32	31	절반의 수정을 하였고, 5.25D 이상이어서 양안 3mm 이내로 수정(우안 2mm, 좌안 1mm)
6	OU S-7.00D	33	33	30	30	31.5	31.5	절반 수정 원칙에도 맞고, 5.25D 이상 단안 최대 1.5mm, 또는 양안 3mm 이내 수정 모두 맞는 수정
7	OU S-7.00D	31.5	31	30	30	31	30.5	오른쪽의 절반인 0.75mm를 줄이면 30.75mm가 되는데 0.5mm 단위가 아니기 때문에 30.5로 해도 되고 31로 해도 된다. 왼쪽을 0.5mm 줄이는 선택을 했기 때문에 간단하게 오른쪽도 0.5mm를 줄이는 31mm 수정을 선택
8	OU S-2.00D	33	30	30	30	31	30	우안의 PD만 다른 상황, 우안 PD차이의 절반은 31.5mm이지만 5D 이하여서 최대 단안 2mm 줄임, 좌안은 동일하게
9	OD S-4.00D OS S-6.00D	32	32	30	30	31	31	오른쪽과 왼쪽의 도수가 달라서 아래 ②, ③번 기준을 생각해볼 수 있지만 간단하게 ①원칙 적용

| 10 | OU
S+2.00D | 30 | 30 | 30 | 30 | 32 | 32 | 간혹 원시, 돋보기 가공의 (+)렌즈에서 새로 선택한 안경테가 사이즈가 커서 조가PD를 키워서 가공해야 되는 경우가 있습니다. 이 경우는 ① 원칙은 적용이 안되기 때문에 ②, ③ 원칙을 지켜주면 됩니다. 5D 이하이고 단안 32mm씩 늘리면 가공이 되어서 수정하였습니다. |

혼동되면 무조건 ① 원칙으로 수정(수정은 절반)

● PD 결정 정리

1. 처음 안경, 좌우 PD 차이가 많은 경우

- 정확하게 PD를 측정하였는데 좌우 PD 차이가 많은 경우 정확하게 측정되었다면 그대로 가공하자.
- 양안 PD를 절반으로 가공하면 상의 질이 떨어진다.
- 아직 안경을 착용하지 않은 분이기 때문에 어지럽거나 하는 비교 대상이 없다.

2. 안경 착용 중, 구안경 조제가공 PD와 측정된 PD가 차이가 많은 경우(아래 원칙 순서대로)

① 수정은 절반
② 도수 크기에 따라서 수정
 1) 5D 이하는 단안 최대 2mm, 또는 양안 4mm 이내 수정(두 가지 방법 중 한 가지로)
 2) 5.25D 이상은 단안 최대 1.5mm, 또는 양안 3mm 이내 수정(두 가지 방법 중 한 가지로)
※ 혼동되면 무조건 ① 원칙으로 수정

● 임상적 경험에 의한 PD결정 주의사항

사실 임상에서는 안경을 착용하고 방문하신 고객의 조가PD와 측정PD가 다르면 고려해야 할 사항들이 많습니다.

- 프리즘 적응의 문제(기존 안경을 오랜 시간 착용했기 때문)
- 상의 질(수차)
- 사위 유무(원거리, 근거리)

• 생활 습관(원용, 근용)

　특히 초보 안경사가 가장 어려워하는 부분 중의 하나입니다. 초보 안경사는 위의 사항들을 고려하여 판단하기에는 경험도 부족하고 무리가 있습니다. 그래서 필자가 현재 안경원에서 적용하여 오늘 맞출 조가PD를 결정하는 방법이고, 안경원 직원들에게도 교육하는 방법을 안내하고자 합니다. 의견이 다를 수도 있고 이론적으로 설명하기에는 어려울 수도 있지만 경험한바 큰 불편과 클레임은 없을 것입니다.

	예제	구안경 조가PD (mm)		측정PD (mm)		수정된 새로운 안경 조가PD (mm)	
		R	L	R	L	R	L
1	OU S−3.00D	32	32	30	30	32	32
2	OU S−3.00D	32	32	34	34	34	34

【 근시안의 경우 】

　(−)렌즈로 교정하는 근시안의 경우 구안경 조가PD와 측정PD를 비교하여 큰 수치로 오늘 맞출 안경의 조가PD로 결정한도록 추천합니다. 방문하는 고객들의 대부분 사위가 약간의 외사위이고(정확히는 사위검사를 해야 하지만 초보 안경사에게는 어려울 수 있습니다), 많은 근용작업을 할 때 BI 프리즘 효과로 폭주를 덜 해도 되고, 귀쪽 렌즈 두께가 상대적으로 얇게 가공될 수 있기 때문입니다.

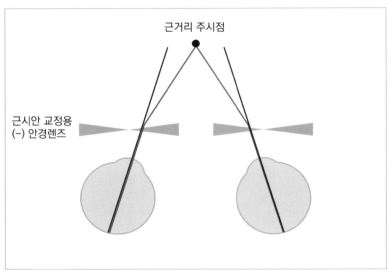

근거리 주시점

근시안 교정용
(-) 안경렌즈

근용작업을 할 때 BI 프리즘 효과로 폭주(눈 모음)를 덜해도 된다

【 원시안의 경우 】

하지만, 원시의 경우에는 위의 적용이 쉽지 않습니다. 여벌렌즈로 생산되는 렌즈의 직경이 작고, 직경에 따라 중심두께가 결정되기 때문에 위에서 말한 내용대로 적용하려면 조가PD를 반대로 작은 수치로 결정해야 하지만 현실적이지 않습니다.

5. AR 측정값, 구안경 도수를 보고 오늘 안경처방을 판단하는 예제

　경험이 없어서 두렵겠지만 위에서 언급한 과정과 정보(AR, 안경측정도수 등)를 가지고 검사를 시작한다면 자신감을 갖고 시작해도 됩니다. 특별하게 문제가 생길 확률은 없습니다.

　또한 이전에 언급했듯이 현재 안경 장용상태에서의 교정 시력과, 단안의 AR값이 오늘 처방할 도수보다 2~3단계 높게(0.50 ~ 0.75D)측정된다는 것을 기준으로 접근하면 보다 쉽게 검사를 진행할 수 있습니다. 하지만 조절력이 감소한 노안의 경우에는 AR값과 현 안경도수가 동일한 경우도 있습니다(안질환, 양안시, 특이한 경우를 제외하고 보편적이고 기초적인 접근방법에 대해서만 얘기를 합니다).

　이러한 접근 방법을 간단한 예제로 설명해 보겠습니다.

▼ 고객 1) 불편사항 : 1년 만에 방문한 중학생, 멀 리가 흐림

	AR	현 안경 도수	현 안경 교정시력	우위안	검사 계획
R	S-3.50 C-0.25 AX 180	S-2.50	0.7		구면을 2단계 올림
L	S-2.00 C-0.50 AX 180	S-1.00	0.7	●	구면을 2단계 올림. 교정시력이 덜 나와 균형이 맞지 않으면 난시교정도 고려(우위안 좌안)

오른쪽 눈은 AR값에 비해 현 안경 도수가 1.00D 정도 낮고 교정시력도 0.7 정도로 보아 흐림을 호소하였다면 구면렌즈를 (-)방향으로 올리고, 0.7정도 교정시력이 나왔으니 약 2단계 정도 올려 시력을 확인하면 됩니다.

좌안의 경우도 마찬가지로 구면렌즈를 (-)방향으로 약 2단계 정도 올리고, 특히 우위안이 좌안이기 때문에 양안 비교시 선명도가 차이가 없으면 괜찮지만, 만약 우안이 선명하다면 좌안의 난시교정도 고려해 볼 수 있습니다.

▼ 고객 2) 불편사항 없음, 나이 45세

	AR	현 안경 도수	현 안경 교정시력	우위안	검사 계획
R	S-5.50	S-5.50	1.0	●	변경하지 않는다.
L	S-5.00	S-4.75	1.0		변경하지 않는다.

조절력이 감소한 노안의 경우 AR값과 안경 도수값을 비교해보면 앞에서 얘기했던 2~3단계 차이가 나지 않고 거의 동일한 경우도 볼 수 있습니다. '안경이 과교정인가?' 이러한 경우는 당황하지 말고 교정시력을 확인해 봅니다. 두 눈 모두 1.0이 나오므로 더 이상의 도수를 올리는 것을 불필요하다고 판단하고, 오히려 과교정 여부를 위해 한 단계씩 교대로 운무(S+0.25D 장입)하여 시력이 감소하는지 확인하면 됩니다. 이러한 경우 과교정-저교정 여부를 판단하는 적녹검사(RED-GREEN TEST)를 시행

할 경우 녹색바탕의 숫자(문자)가 보다 선명하게 보여 과교정으로 판단될 수 있지만, 조절력의 감소 그렇게 나타날 수도 있고, 오랜시간 착용한 안경으로 보는 멀리의 감각에 적응되어 도수의 감소가 오히려 클레임에 걸릴 수도 있습니다.

다시 한번 말하지만, 앞에서 설명한 대로 현재 안경에 특별한 불편사항이 없다면 되도록 도수를 변경하지 않는 것은 많은 의미를 내포하고 있습니다. 나중에 이러한 경험들이 쌓여 그 이유와 해결을 할 수 있는 단계에 도달한다면 충분히 변경을 해도 괜찮지만, 초보 안경사의 경우 흔들리지 않는 접근과 기준을 제시해야 하기 때문에 불편사항이 없다면 되도록 변경하지 않는 것을 추천합니다.

▼ 고객 3) 고2(18세), 1년 만에 방문, 멀 리가 조금 더 선명했으면 좋겠다.

	AR	현 안경 도수	현 안경 교정시력	우위안	검사 계획
R	S-2.25 C-2.00 AX 170	S-2.00 C-1.00 AX 180	0.8	●	난시 추가 교정
L	S-2.25 C-2.00 AX 10	S-2.00 C-1.00 AX 180	0.8		난시 추가 교정

초보 안경사는 보통 트레이닝으로 첫 번째, 근시의 간단한 구면도수의 교정, 두 번째로 난시의 교정으로 진행합니다. 원시의 경우는 조절력과 생활습관, 시습관에 따라 교정 굴절력이 결정되기 때문에 많은 임상경험을 한 후에 검사하기를 추천합니다.

구면의 경우 모든 경선의 굴절력이 동일하기 때문에 상이 작아 보이고(근시 교정) 커 보이는(원시의 교정) 현상이 있지만 쉽게 적응할 수 있는 배율적인 차이라고 볼 수 있습니다. 하지만 난시의 경우는 한쪽 경선의 교정으로 경선 왜곡(meridional distortion)이 발생하기 때문에 적응도 쉽지 않고 안경렌즈의 설계, 특히 주변부 설계에 따라 왜곡 보정의 성능이 차이 날 수 있습니다. 증가된 도수, 고객의 민감함(예민함), 안경렌즈의 주변부 설계, 고객의 불편사항 등에 따라 결정할 요소가 많아서 구면도수의 조정보다는 트레이닝에 시간이 걸릴 수 있습니다.

위 고객3)의 경우에는 우안과 좌안 모두 AR과 현재 안경도수를 비교해보면 구면도수는 거의 100% 가깝게 처방된 것을 예상할 수 있습니다. 하지만 고객은 멀 리가 조금 더 선명했으면 좋겠다고 합니다. 고등학교 2학년에 그래도 성장기의 학생인데 1년 만에 방문했지만 구면 도수의 증가는 없는 것으로 보아 근시의 진행은 어느 정도 느려지고 앞으로 증가도 많이 있지는 않으리라고 예상할 수 있습니다.

난시의 경우는 AR값과 현재 안경도수를 비교해보면 절반정도 밖에 처방되지 않은 것을 알 수 있습니다. 보통 약 7~8세의 정시화 현상을 거쳐 성장기에 도달하면 구면 값은 근시로 진행할 수 있지만(각막의 굴절력 증가, 안축장의 증가), 난시의 경우는 진행하지 않습니다(각막난시의 증가 또는 내부난시의 증가는 어려움).

따라서, 처음 안경처방을 할 때 대략적으로 어지럽지 않은 빠른 적응을 위해 난시를 줄여 처방했을 가능성이 많습니다. 서두에서 말했듯이 좋은 안경처방의 목적은 고객이 만족하는 편안한 처방이라고 했습니다. 그렇다면, 처음 안경처방을 할 때 편안한 적응을 위해 난시를 적당히 교정하고, 부족한 시력은 구면렌즈(등가구면)로 보충하여 만족할만한 시력이 나오는 안경처방을 했을 것으로 예상됩니다.

하지만, 이제는 구면교정으로는 부족하고 추가로 난시교정이 필요해보입니다. 또한 난시교정의 순서는 "① 난시축의 결정 ② 난시도수의 교정"인데 우안과 좌안 모두 정방향이 아닌 기울어진 난시축을 가지고 있습니다.

	AR	굴절검사	현 안경 교정시력	우위안	장용
R	S-2.25 C-2.00 AX 170	S-2.00 C-1.50 AX 170	1.0	●	잘 보이지만 기울어져 보임
L	S-2.25 C-2.00 AX 10	S-2.00 C-1.50 AX 10	1.0		잘 보이지만 기울어져 보임

난시 검사를 해보니 우안의 170축, 좌안의 10축으로 난시를 2단계씩 교정하니 교정시력 1.0으로 잘 나왔습니다. 이후 장용검사를 진행하니 기울어짐을 느끼고 적응하기가 쉽지 않겠다는 느낌과 피드백을 받았습니다. 이후 결정은 보통 2가지 중 한 가지를 선택할 수 있습니다.

① 난시 도수 교정은 동일하게 하고 난시 축을 기존의 안경 축(정방향 축)으로 변경

② 난시 축은 정확하게 우안 170, 좌안 10으로 고정하고 난시를 2단계에서 한 단계를 줄여 처방

어떤 선택을 하더라도 모두 어지러움과 기울어짐이 해결될 수 있습니다. 정답은 없지만 저 같은 경우에는 ①번의 처방을 선택합니다. 난시축을 정확하게 교정하지 않으면 난시가 남게되어(잔여난시) 추천을 하지 않는 책과 논문도 있습니다. 하지만 임상에서 보다 훨씬 빠른 적응과 만족이 가능하기 때문에 ①번의 처방을 선택하도록 합니다.

②번도 좋은 처방일 수 있습니다. 어지러움과 기울어짐을 적응하고 이후 난시도수만 추가로 올리는 연속적인 처방만 이루어진다면 보다 깨끗하고 선명한 교정시력을 기대할 수 있습니다.

임상에서 난시 교정은 교정시력이 나오는 최소량의 처방이라고 말하는 사람도 있고, 잔여난시로 유발된 착란원으로 2차적인 피로를 유발할 수 있어 크로스실린더법을 이용한 완전교정이 좋다고 하는 사람도 있습니다. 하지만 고객에 따라, 고객의 불편함에 따라, 요구에 따라 위와 같은 단계로 접근하여 해결하시면 됩니다. 자신감을 갖고 시도해보세요!

6. 검안의 기본은 기본을 충실히 지키는 것

검안을 잘하고 양안시검사와 처방을 잘하려면 어떻게 해야하는지 물어보는 후배 안경사 선생님들이 많이 있습니다. 그때마다 30여년 임상을 하고 있는 저는 "항상 기본에 충실하세요."라는 말씀을 드립니다.

예를 들면, 문진이나 예비검사, 굴절검사도 잘 못하면서 양안시검사를 한다는 안경사들이 의외로 많아요.

또한 검안의 흐름이 고객 중심이 되어야 하는데 처방을 하고 판매를 해야 하다 보니 안경사 본인 중심이 되는 경우를 많이 봅니다. "고객이 사위가 있는지를 몰랐는데 프리즘 처방을 했다, 비싼 안경렌즈를 판매했다." 보다 "고객이 만족해하는 좋은 안경처방을 했다."가 어떻게 보면 좋은 대답이라 할 수 있습니다.

지식은 책으로 접하고, 지혜는 지식과 임상 경험에서 나온다고 생각합니다.

본인 주도의 지식만 있는 안경사는 주장이 강하기 때문에 고객하고 소통이 줄어들고, 일방적일 수 있고, 안경처방은 클레임이 높을 수 있습니다. 하지만 고객이 만족하는 지혜로운 처방은 클레임이 적을 것입니다. 우리가 원하는 좋은 처방은 어렵겠지만 한번 만에 그 고객의 불편함과 편안함을 둘 다 만족시켜줄 수 있는 처방이라 생각합니다. 하지만 이 책을 보시는 경험이 적은 안경사 선생님들은 임상 경험이 부족할 수 있기 때문에 아직은 지식의 안경처방이라 생각하시면 됩니다. 만약에 그 지식을 지혜로 빨리 바꾸시려면 여러 가지 노력을 하셔야죠.

● **지혜로운 안경처방을 하고 싶다면?**

1) 많고 다양한 임상경험을 할 수 있는 안경원 근무
2) 내가 한 안경처방을 같이 토론할 수 있는 여건
3) 안경처방에 도움이 되는 검안 서적
4) 주변에 안경처방의 기준이 명확하고 배우고 싶은 선배 안경사와 주기적인 소통(안경 처방에 관련하여)

당신은 어떻나 안경원에서 근무하시기를 원하시나요?

편한 곳, 빨리 끝나는 곳, 월급 많이 주는 곳, 편히 쉬는 시간 많은 곳, 이러한 안경원을 원하지 않으시나요?

지혜로운 안경처방을 위해 많은 것을 생각해야 합니다. 여러분들에게는 어쩌면 임상을 많이 경험하는 곳에서 근무하는 것이 몸은 힘들겠지만 지혜를 얻을 수 있다고 생각합니다. 하지만 바쁘다고 해서 많은 임상을 경험하는 안경원이 아닐 수도 있습니다.

흔들리지 않는 지식은 학교, 책, 유튜브를 통해 얻을 수 있지만, 지혜는 임상의 현장에서만 얻을 수 있습니다. 여러분들에게 가장 얻고자 하는 부분은 어떤 것인가요?

지혜로운, 고객이 만족하고 편안해하는 좋은 안경 처방에 욕심이 있다면, 이런 지혜를 얻을 수 있는 안경원을 잘 찾아서 근무하는 것이 가장 현명한 안경사입니다.

초보 안경사가 힘들어하는 부분은 자신감이 부족한 것입니다. '내가 잘할 수 있을까? 내가 한 처방이 불편하지는 않을까?'

우리는 안경광학과에서 몇 년의 정규과정을 이수하여 학교를 졸업하고, 안경사 국가고시에 합격한 자랑스러운 안경사입니다. 고객보다 눈에 대해 더 잘 알지만 경험(과정, 제품, 설명, 응대 등)이 부족할 뿐입니다. 하지만 제가 중요하게 생각하는 것은 완벽하게 준비되어 좋은 안경처방을 할 수는 없습니다.

좋은 임상 경험을 많이 해볼 수 있는 안경원을 선택하시고, 선택한 안경원에서 검안을 배우되 이 뒤에 소개하는 검안의 과정처럼 흔들리지 않는 본인의 기준을 세우시고, 천천히 기본에 충실하면서 본인만의 검안을 하나하나(정확도, 시간, 과정, 커뮤니케이션 등) 정립하시고, 원장님 또는 주변 선생님들과 함께 토론하면서 피드백을 받으시고, 신제품 카달로그 및 검안에 도움이 되는 서적을 꾸준히 읽으신다면 조금씩 자신감이 있는 지혜로운 안경처방을 하실 수 있으실거라 확신합니다.

또한 해결하기 어려운 임상 사례는 저희 한국안경아카데미에 문의를 남겨주시면(카카오톡 채널 또는 전화, 하단 QR코드로 연결) 정답은 아닐 수 있지만 수십 년 임상경험을 하고 공부를 하신 강사님들의 조언과 해결 방안을 안내받으시면 조금이나마 도움이 되실 것 같습니다.

한국안경아카데미
문의하기
(QR코드 링크)

7. 처음 검사를 할 때 원칙

'

고객을 검안을 할 때는 경험이 없어도 열심히 준비되었다면 어느 정도 자신감이 있어야 합니다. 이때 고객에 대한 여러 정보가 있으면 자신감은 점점 높아질 수 있습니다. 가장 중요한 정보는 지금 착용하고 있는 안경에 대한 정보입니다. 도수, 조제가공 PD, 조제가공 OH, 노안의 경우 가입도, 누진다초점렌즈 종류 등 다양한 정보를 알고 있으면 내가 검안을 하고 새로운 처방을 할 때 큰 도움이 됩니다.

현재 착용한 안경(임상에서는 통상 구안경 이라 표현을 합니다)의 정보가 있다면 자신감도 있고, 클레임도 딱히 발생하지 않습니다. 하지만 안경을 착용하시는 분이 안경파손, 분실하여 새롭게 안경을 맞춘다고 하면 경험이 많은 안경사라고 하여도 어느 정도 진땀을 빼며 신중히 검안과 처방을 해야 합니다.

저는 초보 안경사 직원에게 처음 굴절검사를 시키면 아래와 같은 고객 위주로 트레이닝을 시작합니다.

● **처음 검안을 트레이닝 하기에 쉬운 검안 유형**
• 안경을 착용하신(구안경 도수 정보가 확실한)고객
• 구면굴절이상 : 일반적인 경도 ~ 중등도의 근시의 굴절이상인 고객
• 원주굴절이상 : 난시가 많지 않은 고객, 난시축이 정방향(직난시, 도난시)인 고객
• 노안 이전의 고객

이때 안경을 착용하고 오셨다면 꼭 문진에서 **"사용하시는 안경 불편한 점 있으세요?"라는 질문의 꼭 하게 한다.** 문진에서 꼭 필요한 "무엇을 도와드릴까요? 어떤 것이 불편하세요?"라는 질문이 있습니다. 하지만 범위가 너무 넓고 초보 안경사가 해결하기에는 너무 어려운 답변들이 나올 수도 있습니다. 따라서 현재 사용하시는 안경이 시력, 피팅적으로 불편한 점이 있는지 범위를 좁혀 정확하게 물어보게 합니다. 그리고 이때 중요한 것은 특별하게 불편한 점이 없다고 얘기하면 **"되도록 도수를 변경하지 말아라."**라고 얘기를 합니다.

안경사에게 특별한 불편함이 없다면 "되도록 도수를 변경하지 말아라."라고 말을 해주면 대부분 기분 나빠하는 경우를 자주 봅니다. 안경처방은 안경사 개인의 고유 권한인데 초보 안경사가 '내 업무영역에 참견하지 마세요.'라고 하는 것이기 때문입니다. 하지만 어느 정도 경험이 쌓여 지혜로운 안경처방이 가능하다면 전혀 신경쓰지 않겠지만, 트레이닝을 위해 어느 정도 단계와 순서는 꼭 필요합니다.

지금 이 안경원은 제가 모든 책임을 져야 하는 안경원입니다. 학교에서의 실습상황이 아니고, 고객과의 커뮤니케이션으로 판매와 직접적인 연관이 되어 수익이 발생하는 장소입니다. 하지만 너무 어렵습니다. 장기적으로 지혜로운 처방을 하는 안경사를 키우기 위해 이러한 과정으로 트레이닝을 하지만 모든 직원에게 클레임이 발생 되지 않게 지금 안경과 동일하게 처방하라고 하고 싶어도 그게 정답이 아니라는 것을 알기 때문입니다.

임상 검안의 지침서와 관련된 책을 좋아하는데, 그중에서 Clinical Pearls in Refractive Care(D. Leonard Werner, Leonard J. Press 저)의 책 내용 중 굴절이상의 관리와 안경처방에 관련된 22가지 임상 철칙을 재미있게 읽어서 그 내용의 일부를 소개하고자 합니다.

철칙 15 : 고객을 마지막으로 검사한(처방한) 사람은 고객을 처음 대하는 당신보다 더 현명한 사람일 수 있다.

(Pearl 15 : The Patient's Last Doctor May Have Been Wiser Than You Initially Thought)

예전부터 안경처방에 관련하여 "아무리 잘못된 처방이라도 무시하지 말라. 분명히 그렇게 처방된 이유가 있을 것이다." 이러한 말이 전해져 내려오고 있습니다.

안경사는 자존심이 매우 높아서 본인의 굴절검사가 틀렸다는 것을 인정하지 못하고, 새롭게 시도, 변경하여 '내가 더 좋은 처방을 할 수 있다.'라는 것을 보여주려고 합니다. 하지만 임상경험이 충분히 쌓지 못한 초보 안경사 에서도 이러한 모습을 쉽게 볼 수 있다.

본론으로 되돌아가서, "사용하시는 안경 불편한 점 있으세요?"라는 질문에 불편함이 없다는 것은 많은 뜻을 내포하고 있다.

● 고객의 시력적 요구도(visual demand)

- 지금 착용하고 있는(구안경) 안경이 저교정 이고, 자동굴절력계(Auto-Refractor)로 측정한 굴절이상도 저교정이고, 굴절검사에서도 도수를 올리니 시력이 높아져 만족했지만, 똑같이 해달라고 하거나, 아니면 도수를 올리면 며칠 뒤 불편하다고 도수를 이전 도수로 바꿔달라는 고객들을 많이 보게 됩니다. 이유와 상황은 초기노안에서의 저교정, 근업을 위주로 하는 고객 등 여러 가지가 있을 수도 있습니다.

● 착용기간

- 저교정된 안경을 오랫동안 착용하였다면 본인이 처음에는 덜보여 불편해도 지금은 시력적 요구가 변했을 수 있습니다(멀리를 찡그려 본다던지, 이제는 무의식으로 조금 가까이 가서 본다던지). 하지만 여기서 중요한 것은 고객은 이 정도를 불편하다고 생각하지 않는 다는 것입니다.

변화라는 것은 필요(동기) 때문에 시도되는 행위입니다. 안경처방의 변경은 불편함이 있을 때, 또는 변경하였더니 눈에 띄는 만족감이 있는 경우에 시도해야 합니다. 아플 때 약을 처방하고, 등이 간지러울 때 긁어줘야 합니다. 동기부여가 되지 않은 상황에서의 행위는 오히려 불편함, 비싼 안경렌즈를 판매하려는 행위, 내 눈에 맞게 잘 처방 하지 못하는 안경사 등으로 인식될 수 있습니다.

대표적으로 사위가 있는 고객에서의 프리즘 처방을 예를 들 수 있습니다. 사람은 대부분 약간의 사위가 존재합니다. 정위에 가까울 수 있지만 약도의 사위가 존재한다고 하여 특별하게 문제는 없습니다. 또한 사위가 있다 하여도 사위의 종류(외편위, 내편위, 수직편위)에 따라 측정된 그 양이 문제가 발생하는지, 처방이 필요한지는 결정하기가 쉽지 않습니다. 사위검사를 처음 배운 안경사는 자신감 있게 프리즘 렌즈를 처방하곤 합니다. 다양한 양안시적인 내용은 뒤에서 다루고, 여기에서 하고자 하는 말은 자각증상이 없고 불편함이 없는데 사위검사에서 검출되었다고 프리즘 렌즈를 장용하고 적극적으로 권장하는 안경사 선생님들을 많이 봤습니다. 그 선택이 잘못되었다기 보다 위에서 언급한 불편함이 있을 때 처방의 만족도가 높아집니다.

그렇다면 사위가 있지만 자각증상이 없는 고객에게 프리즘을 처방을 한 경우 어떻게 해석을 해야 할까요?

지식으로 내린 처방이라고 볼 수 있습니다. 경험이 접목된 지혜로운 안경처방은 사위가 검출되었다 하더라도 특별한 문제점과 불편함이 없다면 프리즘렌즈 처방은 접어두고 이어서 다른 쪽을 신경 쓰는 것이 옳다고 볼 수 있습니다. 사위가 있더라도 충분한 융합력이 존재한다면 특별한 프리즘처방을 필요로 하지 않습니다.

다시 한번 말씀드리면, 고객이 현재 착용하고 있는 안경이 특별하게 불편한 점이 없다면 "되도록 도수를 변경하지 말아라."입니다. 솔직한 표현으로는 초보안경사 뿐만 아니라 경험이 많은 안경사들에게도 중요한 임상철칙 이라고 말씀드릴 수 있습니다.

8. 검안은 오차를 줄이는 확률 게임

30년 안경사 생활을 하면서 수백 명의 직원들을 고용해 봤습니다. 경력이 있는 많은 안경사들이 지금도 안경처방을 할 때 힘들어하고 고민하는 것은 지혜로운 안경처방을 하기 위함입니다.

한 번도 다른 곳에서는 "불편함이 없다면, 되도록 도수를 변경하지 말아라."라고 들어보지 못한 처방법이다 보니 생소해서 이해를 잘하지 못합니다. '왜 도수를 건드리지 말라고 하시지?'

임상에서 일하다 보면 현실적으로 클레임을 안 낼 수는 없습니다. 우리는 가장 예민하고 복잡한 눈과 시력을 다루다 보니 항상 클레임에 노출되어 있습니다. 결국 만족하는 최종의 도수를 결정짓는 확률 게임인 것입니다.

클레임을 줄일 수 있는 확률을 높이는 것이 현실적으로 고객 만족과 직결되어 있다고 해도 과언이 아닙니다. 물론 도전적인 처방을 하다 보면 최상의 만족스러운 안경처방이 될 수도 있습니다. 하지만 이것은 충분한 경험과 그와 관련된 많은 처방, 많은 클레임을 겪은 안경사라면 좋은 시도일 수 있습니다. 초보 안경사에게는 아직은 지혜로운 처방을 위해 경험을 쌓는 과정이 필요합니다.

저의 안경원은 규모가 어느 정도 크고 많은 고객분들이 방문하셔서 응대하다 보니 전국에서 처방이 굉장히 까다로운 고객들이 많이 방문하십니다. 그렇다 보니 저희 안경원이 종합병원이라고도 생각합니다.

난시교정을 예를 들면, 난시가 교정이 안되어 눈이 피곤해서 오시고, 양쪽의 난시 교정 균형이 맞지 않아 불편해 오시고, 난시를 안 넣어도 되는데 무리하게 100% 난시를 교정해서 눈이 불편해서 오시고 기타 등등. 눈에 관련하여 많은 문제 때문에 큰 안경원에 찾아오시는 것 같습니다.

안경 처방으로 기억에 남는 두 직원을 예를 들어보겠습니다.

첫 번째는, 안과에 오랫동안 근무를 하고 이제 안경원을 개원하고 싶어서 같이 일을 시작하게 되었습니다. 면접을 볼 때 검안은 자신 있다고 하면서 안과에서 근무한 것을 강조하였습니다. 막상 근무해보니 클레임이 계속 발생하는데 단골 고객들이 불편해서 도저히 못쓰겠다고 항의를 했습니다. 처방을 자세히 살펴보니 모든 고객에게 완전교정으로 처방을 했습니다. 일반적으로 안과에서는 완전교정(full correction)으로 안경처방을 합니다.

한국의 안경원의 현실을 볼 때 완전교정 안경보다는 약간의 저교정 안경이 더 많습니다. 그것을 모르고 안과에서 하듯이 모든 처방을 완전교정을 했고, 우위안 검사 없이 그냥 단안 교정값을 그대로 완전교정값을 처방했습니다. 개인 면담을 해보니 자기도 안과에서 할 때는 이런 클레임이 전혀 없었는데 자기도 도저히 이해가 가지 않는다고 고개를 갸우뚱했습니다.

안과와 안경원의 차이점을 설명해주고 고객의 신뢰도가 안과가 훨씬 높아서 안과처방의 경우에는 고객이 클레임을 제기하지 않을 거라고 설명해주었습니다. 결국 그 직원은 3개월 후에 본인이 스스로 사직하게 되었습니다. 도저히 적응하기 어렵다고 하면서 안경원 근무를 포기하겠다고 하였습니다.

이 경우를 보면 어디에서 배우는가에 따라서 자기의 기준이 정해지는 것 같습니다. 안과에서 근무를 해서 안질환 및 다양한 안과적 검사 방법은 숙달되었겠지만, 안경원의 고객이 원하는 편안한 안경처방을 하기에는 무리가 있었던 것 같습니다. 오래 근무하면 무슨 소용이 있을까요? 고객이 처방을 불편하다고 하는데.....

진짜 실력있는 안경사는 고객의 불편함을 빨리 캐치하고 만족하는 처방을 하는 사람이라 생각합니다.

두 번째, 직원이야기입니다.

이 직원은 안경업에 오래 종사하고 안경원 근무도 해보고 유명한 안경렌즈 회사에서 오랫동안 안경사들을 대상으로 교육도 해본 사람입니다. 열심히 검사해서 처방을 하고 언변도 좋고 지식도 상당히 많았습니다.

하지만, 고객의 소리를 듣지 않는 일방적인 처방이었습니다. 지속적인 클레임이 계속 발생해서 살펴보니 구안경을 무시하고 자기 기준과 원칙에 따라 처방을 했습니다. 결정적인 실수 중 하나는 우리나라 유명 체인에서만 안경을 하던 고객인데 저희 안경원이 잘한다고 하여 방문을 하여 안경을 맞추어 가셨습니다. 그런데 안경을 찾아간지 하루만에 전화가 오셔서 이런 안경은 처음봤다고 하면서 도저히 못쓰겠으니 다른 사람한테 검안을 받고 싶다고 하셨습니다. 제가 맡아서 살펴보니 기존 안경 도수도 아무런 불편함이 없었는데, 그 직원은 검사 후에 이렇게 쓰면 된다고 하면서 안경을 맞춰줬다고 하였습니다.

기존 안경이 좌우안의 교정시력 균형이 조금 맞지 않았고, 나이가 든 사람들의 경우에는 균형을 잘 맞춰서 결정해야 되는데 그냥 일반적인 원칙대로 처방을 바꾼 것이었습니다. 그래서 저는 구안경의 처방을 기초로 약간의 변경만 하여 다시 맞춰드렸습니다. 찾아가실 때 그런 안경 처음이었는데 이제는 괜찮다고 하시면서 만족하며 가셨습니다.

며칠 전 그분이 2년이 지나서 다시 오셨습니다. 잘 안 보인다고 하시면서 그때 기억 때문에 나한테 검사를 받고 싶다고 하셔서 또 제가 안경을 맞춰 드렸습니다.

이 경우도 생각해보면 아무리 지식이 많고 교육을 잘한다고 해도 결국 현장의 목소리 즉, 고객의 목소리를 들을 수 있는 지혜를 가져야만 한다고 생각합니다.

이 두 사람의 경우 말고도 수없이 많습니다. 그래서 저는 직원들에게 **"불편함이 없다고 하시면 웬만하면 도수 변경을 하지 말아라."**라고 매뉴얼을 만들었습니다. **바꾸지 말라는 말이 아니고 최소화하라는 뜻이고, 고객의 불편사항을 꼭! 체크해서 그것에 맞는 처방을 하라는 뜻입니다.**

임상경험이 배제된 지식(이론)에 의한 원칙적인 처방은 클레임 확률이 높아질 수밖에 없습니다. 경력이 많은 안경사일수록 고객의 목소리에 더욱 신경을 쓸 수 있어야 합니다. 현실적으로는 반대의 경우도 많습니다. 경력이 많을수록 자기 자신의 목소리가 더 큰 것이 문제인 것 같습니다.

많은 안경사들이 시력 1.0이 정답이라고 생각하는 것 같습니다. 임상에서 일을 하다 보면 가장 안타까운 얘기입니다. 임상은 여러 가지 많은 변수가 있다는 것을 알고 근무했으면 좋겠습니다.

가장 좋은 방법은 고객이 유형이(남녀노소) 많고, 트레이닝을 받고 검안할 수 있는 안경원에서 근무하면서 많은 임상경험을 하는 것입니다. 아직은 편한 곳, 쉴 수 있는 곳, 핸드폰 편하게 볼 수 있는 안경원 등 이런 곳을 선택하기에는 이 책을 읽는 여러분들은 고려사항이 아니라 믿습니다.

"정상 시력은 1.0이 아니고 사람마다 다르다!"
"시력검사에서 정답은 고객이 가지고 있다!"

9. 콘택트렌즈 착용자의 안경처방

임상에서 클레임이 많은 경우 중 하나가 콘택트렌즈를 주로 착용하는 사람이 안경을 맞출 때입니다. 콘택트렌즈는 눈에 붙기 때문에(정점간거리가 0) 안경배율에 측면에서 어지러움이 없지만, 안경은 같은 도수라도 사람에 따라서 굉장히 어지럽고 불편할 수가 있습니다.

안경 착용자가 콘택트렌즈를 맞출 때는 클레임이 거의 없지만, 반대인 경우에는 상당히 불편을 호소하는 경우가 많습니다. 실무를 30여 년 동안 하는 나 역시 콘택트렌즈 착용자의 안경 처방은 이러한 배율적인 측면, 각막 상태(각막부종)에 관련되어 도수와 교정시력에 변동이 크기 때문에 항상 신중한 접근을 해야 합니다.

제일 어려운 것 중의 하나가 기존 착용한 안경이 있으면 상대적으로 쉬운데, 안경 없이 콘택트렌즈만 착용하고 와서 안경을 맞추면 매우 어려운 것 같습니다. 이때 제가 사용하는 방법은 기준점을 잘 설정해야 한다고 생각합니다. 안경이 없으므로 기존의 안경을 기준으로 할 수 없어서 그 기준을 정하는 것이 중요합니다.

그래서 저는 기존 콘택트렌즈 도수를 기준점으로 시작합니다. 대부분 고객은 콘택트렌즈 도수와 안경도수가 같다고 생각합니다. 하지만 알다시피 분명히 다릅니다. 다양한 난시 성분에 따라 구면 콘택트렌즈로 처방할지, 토릭 콘택트렌즈로 처방할지도 다르고, 정점간거리 도수 보정이 필요한 S±4.00D 이상의 처방도 마찬가지

입니다. 그래서 안경 처방을 할 때 꼭 콘택트렌즈 도수를 기준으로 삼고 상담하면 쉬워집니다.

예를 들어, 경우의 수를 생각해 보면 다음과 같을 것입니다.

	안경도수	콘택트렌즈 도수
①	S-5.00D	S-4.50D
②	S-4.50D	S-4.50D
③	S-4.00D	S-4.50D

- ①번의 경우는 콘택트렌즈 시력과(시력 1.0) 안경 시력(시력 1.0)이 비슷할 것이다.
- ②번의 경우는 콘택트렌즈가 더 잘 보이고(시력 1.0), 안경은 조금 흐릴 것이다(시력 0.8).
- ③번의 경우는 콘택트렌즈가 더 잘 보이고(시력 1.0), 안경은 많이 흐리다(시력 0.6).

이렇게 콘택트렌즈 착용자는 사람마다 안경 착용 도수가 다를 수 있습니다. 일단 저는 **콘택트렌즈 도수와 같은 도수를 착용시키고** 고객의 반응을 살펴봅니다. '흐리다', '어지럽다' 등 여러 가지 반응을 호소할 수 있습니다. 그리고 콘택트렌즈 보다 덜 보인다는 것을 사전에 강조하면서 체험할 수 있도록 시험 렌즈를 통해 장용테스트를 합니다. 또한 최근 다양한 수차 측정기에 포함된 각막 지형도 검사를 참고하면 각막의 부종 정도를 확인할 수 있습니다. 온종일, 거의 평일 내내 콘택트렌즈를 착용하는 고객의 경우 각막부종을 의심할 수 있고 변동성 있는 도수와 교정시력이 잘 안 나올 수 있습니다.

고객 반응이 이 정도면 됐다고 하면 조금 흐릴 수 있다고 하고, 덜 보인다고 하면 도수를 높여주고 어지러울 수 있다고 설명 후 적응을 유도합니다.

안경을 거의 사용하지 않는 사람은 ③번처럼 아주 약하게 처방하는 때도 있습니다.

이렇게 콘택트렌즈 도수를 기준으로 비교 설명해서 한 단계 위-아래 도수를 비교 설명하는 것이 제가 해본 결과 가장 만족도가 높고 고객의 이해도가 높고 차후 클레임 확률이 현저하게 줄어듭니다. 설사 클레임이 발생해도 고객이 이해했기 때문에 책임의 소지를 안경사 탓으로 돌리기보다 자기 자신의 선택이 잘못되었다고 말하게 됩니다.

검사를 잘하고 못하고는 클레임이 발생했을 때 안경사 당신 잘못이라고 하는지, 아니면 내 잘못이 크다고 인정하느냐에 달렸다고 생각합니다.

누구나 완벽할 수 없고 클레임이 발생하지만 잘하는 사람은 빠져나갈 구멍을 항상 만들어 놓는 것을 잊지 말아야 합니다.

10. 부등시의 안경처방

초보 안경사들은 항상 안경처방에 어려움이 있겠지만, 특히 더욱 어려워 하는 안경처방 중 하나는 짝눈(부등시, Anisometropia)의 안경처방인 것 같습니다. 저 또한 안경사 업무를 하면서 가장 어려운 처방 중 하나가 부등시이고, 부등시 안경처방을 할 때 많은 클레임이 발생하는 것을 경험하였습니다. 안경처방에는 정답이 없다고는 하지만 특히 부등시의 안경처방은 더욱 정답이 없고 사람의 개별적 특성에 따라 모든 것이 다른 것 같습니다. 시력 요구도(원용-근용), 도수 차이, 성격, 직업, 생활환경, 기존 안경처방의 적응 및 만족도 등 천차만별로 고려할 것이 많이 있습니다. 특히 기존 안경을 가지고 오지 않은 부등시의 안경처방은 어렵고, 만족할 성공 확률을 50% 정도 밖에 안된다고 생각합니다. 어떤 경우에는 집이 가까우시면 기존 안경을 가져오시는 것이 오늘 안경처방 할 때 도움이 많이 된다고 말씀드리기도 합니다. 하지만 시간적인 여유와 꼼꼼한 문진 및 상담, 장용 테스트를 한다면 어느 정도 클레임을 줄일 수 있을 것입니다.

① 부등시란?

부등시(不等視), 부동시(不同視)는 짝눈이라는 같은 용어로 두 눈의 굴절력이 다른 상태를 말합니다. 임상적으로는 두 눈의 굴절력 차이가 2D 이상인 경우를 부등시라고 합니다. 또한 한눈은 근시, 다른 쪽 눈은 원시인 경우에는 이종부등시 (antimetropia)라고 하는데, 이 경우 많은 안경사들이 원시쪽의 도수는 0D에 가깝게 줄이고, 반대쪽 근시 도수는 그대로 처방하여 양안조절균형이 틀어지는 실수를 많이 합니다.

이처럼 부등시는 도수 차이, 시력 차이, 나이, 적응의 개념으로 접근할 때 참 어려운 안경처방 중 하나입니다.

② 부등시의 증상

부등시의 안경처방으로 호소하는 주된 증상들은 두통, 안정피로(피곤함, 열감, 통증, 당기는 느낌 등)이 있고 사위량이 많은 사람들이 호소하는 증상과 비슷하다고 볼 수 있습니다.

부등시의 안경처방이 어려운 이유는 안경렌즈를 통해 망막에 맺힌 사물의 크기가 서로 다르게 느껴져 불편하기 때문입니다. '사물의 크기가 서로 다르면 불편할까?'라는 생각을 처음 하는 안경사도 있을 것입니다.

우리 눈은 두 개로, 자연스럽게 각각 다른 눈에 맺힌 상을 하나의 상으로 융합하는 양안시를 하며 살아가고 있다. 양안시를 위한 융합의 필요조건은 크게 2가지로 ① 보고자 하는 물체가 망막대응결상을 해야 하고(사시나 큰 편위(deviation)가 없어야 하고), ② 각각의 두 눈 망막에 맺힌 상의 모양(같은 상)이 비슷하고, 선명도(시력)가 비슷해야 하고, 마지막으로 크기가 비슷해야 합니다.

만약 사시나 큰 편위가 없어도(사위) 짝눈이 심해 안경렌즈로 교정을 한다면, 망막에 맺힌 상의 크기가 달라 복시를 호소할 수 있습니다. 사위의 복시는 같은 크기의 상이 떨어져 보일 것이고, 부등시의 안경교정에 따른 복시의 경우는 상이 같은 위치에 보이지만 크기가 다르게 보일 것입니다.

미교정	부등시에서 완전교정	부등상시렌즈(Size lens) 처방

우리의 뇌는 어느 정도 도수 차이 범위 내에서는 자연스럽게 융합과 적응이 가능합니다. 일반적으로 책마다 다르지만, 임상적으로 유의한 망막상 차이를 3~5% 정도로 보고, 2~3D 이내 차이는 자연스러운 뇌의 적응으로 특별한 증상을 호소하지 않는다고 합니다. 또한 1D의 차이는 약 1%의 망막상 차이가 나타난다고 하는데 즉, 2~3%의 망막상 차이는 뇌가 자연스럽게 적응할 수 있다는 얘기입니다. 하지만 안경처방이라는 것은 고객의 주관적인 의존도가 높기 때문에 개별적인 확인이 꼭 필요합니다.

③ 부등시의 안경처방

나이가 어릴 때부터 착용한 부등시의 경우에는 도수 차이가 크더라도 무리 없이 곧바로 잘 착용하는 경우를 많이 보고, 성인의 경우에는 적응을 못하고 특히, 한 쪽 눈이 정시에 가까운 사람은 그냥 안 쓰고 생활하는 경우도 많이 볼 수 있습니다.

안경사 면허취득을 위한 학교에서의 배움은 임상의 세세한 경우의 수를 전달하기가 어려워 부등시의 안경처방도 단순히 완전교정(Full correction)이 원칙이라고 배웠을 것입니다. 하지만 임상에서의 부등시 안경처방은 앞에서도 언급했지만 더욱 정답이 없는 것 같습니다. 특히 새로운 안경처방에서 참고할만한 기존 안경이 없거나, 기존 안경처방 정보가 없는 경우는 이전 안경을 맞출 때 안경사가 어떤 기준으로 처방을 해서 고객이 착용했는지 알 수 없기 때문에 클레임이 상당히 높은 편입니다. 부등시의 안경처방에 정답이 없어서 겁이 나고 조급하겠지만, 천천히 본인만의 경험을 토대로 자기만의 기준을 갖는 것이 부등시 처방을 하는 데 중요한 것 같습니다.

④ 우위안 검사의 중요성

우선 부등시의 안경 처방에 있어서 기본적으로 중요한 사전 검사는 우위안 검사이다. 우위안이 어느 쪽이냐에 따라 부등시 처방은 많은 영향을 받습니다. 반드시 굴절검사 전에 예비검사로 우위안 검사를 먼저 시행해야 하고, 이후 굴절검사에서 원칙대로 오른쪽 왼쪽 눈의 완전교정값을 찾아야 합니다. 그 이후 완전교정값을 기본으로 장용하여 어떻게 편안한 안경처방을 할 것인지를 고민하고 수정해야 합니다.

⑤ 부등시의 교정방법

안경원에서 부등시의 일반적인 교정방법은 다음 중에서 선택할 수 있습니다.

교정 렌즈		교정 방법

1. 여벌 안경렌즈		1) 완전교정
		2) 도수 차이 줄이는 교정
		  (1) 도수 높은 쪽 줄이기
		  (2) 도수 낮은 쪽 올리기
		3) 렌즈 종류
		  (1) 여벌렌즈
		  (2) 비구면렌즈
		  (3) 양면비구면렌즈

2. 주문 안경렌즈		• 등상렌즈 주문(배율렌즈) (1) 양면비구면(RX) (2) 개인맞춤렌즈(RX)
3. 콘택트렌즈		
4. 콘택트렌즈 + 안경렌즈		• 도수 차이 나는 만큼 나쁜 쪽 눈에만 콘택트렌즈 착용 • 안경렌즈는 비슷한 도수로 양안 교정

안경렌즈로 교정하는 경우에는 완전교정으로 처방하거나, 도수 차이를 줄여 처방하는 방법이 있습니다. 아 장에서는 기존에 안경을 착용하고 있던 부등시 고객이

안경이 없이 방문했을 때 안경처방에 관련되어 얘기하고 있습니다. 도수 차이가 적거나 나이가 어리고 증상이 없다면 완전교정을 해도 무방하지만, 그렇지 않다면 도수 차이를 줄여주는 처방도 적응의 관점에서 본다면 좋을 수 있습니다. 앞서 얘기했지만 이 방법으로 처방하면 양안조절균형이 틀어지겠지만 우선 편안한 적응이 가능합니다. 그렇게 적응을 한 다음 양안 모두 높은 시력요구도를 필요로 한다면 서서히 완전교정까지 도수를 올리는 방법이 가장 좋은 방법이라 생각합니다. 간단하게 말하면 적응하기 힘든 처방을 2~3번에 나눠서 처방하는 방법이라 할 수 있습니다.

좌우 차이를 사람에 따라서 어떤 사람은 반 정도로 적게 처방하기도 하고 또는 1/3 정도로 줄어 다양하게 안경사의 처방 기준에 따라 다르게 착용하고 있습니다.

도수 차이를 줄이는 방법으로는 가장 많이 사용되는 것은 도수가 높은 쪽을 줄이는 방법입니다.

다음 예제를 통해 보면, 완전교정과 도수차이를 줄이는 총 5가지의 처방 방법을 표로 나타내었습니다.

	완전교정	① 처방	② 처방	③ 처방	④ 처방	⑤ 처방
R	S-1.00D	S-1.00D	S-1.00D	S-1.00D	S-1.00D	S-1.00D
L	S-3.00D	S-3.00D	S-2.50D	S-2.00D	S-1.50D	S-1.00D

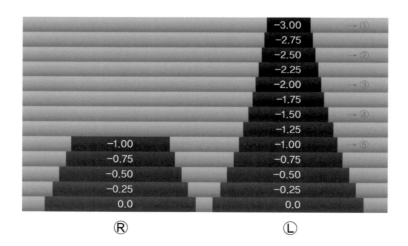

이해를 돕기 위해 실제 저희 안경원에서 처방된 부등시 안경처방의 예를 들어보도록 하겠습니다.

76년생의 남성분이 안과처방전을 지참하고 기존 안경 없이 안경원에 방문하셨습니다. 멀리 보는 것이 불편하여 방문하였고, 마찬가지로 노안도 진행된 상태였습니다.

〈안과처방전(23.08.05)〉   〈안경원에서 측정한 자동굴절력계(AR) 값〉

AR값을 보면 안과처방도 합리적인 수치로 보였습니다. 그래서 안과처방도수 그대로 장용테스트를 해보니 상당한 거부감을 느끼셨습니다. 그래서 다음과 같이 도수를 줄이는 몇 가지 선택으로 도수 수정을 진행하였습니다.

	안과처방	1차 수정	2차 수정
R	S-0.50D	S-0.75D	S-1.00D
L(우위안)	S-1.25D	S-1.00D	S-1.25D

위 3가지 처방 모두 적절해 보입니다. 1차 도수를 수정하였더니 도수 차이에 의한 거부감은 안과처방보다는 괜찮지만 원거리가 여전히 흐려 불편함이 있었습니다.

그래서 원거리를 조금 더 선명하게 하기 위해 2차 수정으로 처방하고 장용하였더니 상당한 만족감을 느끼시고 좋아하셨습니다. 이 처방을 분석해보면 부등시 고객이 노안까지 온 상황인데, 도수차이에 의한 거부감을 상당히 느끼시는 상태였고, 원거리는 오른쪽 눈으로 보고 근거리는 근시 저교정으로 왼쪽 눈으로 보는 것이 가장 좋은 만족감과 선택이였습니다.

그렇게 잘 맞추시고 다음번에 선글라스 렌즈를 교체하시러 재방문을 하셨습니다. 그때 도수가 잘 맞는다는 선글라스를 건네주셨는데 그 선글라스의 도수는 OU S-1.00D였습니다. 어떻게 보면 2차 수정 도수와 비슷했기 때문에 이전의 안경처방이 성공할 수 있었던 것 같았고, 안과처방도 막상 좌-우안 3단계 밖에 차이가 안났지만 그렇게 거부감이 있었는데 참으로 만족시켜드려 다행이었다는 생각을 다시 한번 하게 되었습니다.

다시 한번 말하지만, 임상에서, 특히 이와 같은 어려운 케이스에서는 더욱 정답은 없습니다. 처방의 방법을 알고 열심히 경험을 쌓아 본인만의 처방 기준을 갖는다면 보다 접근하기가 쉽고 성공적인 처방 확률이 높아질 것입니다.

부등시 처방에서 우위안을 고려하여 도수를 수정하는 방법의 진행은 다음과 같습니다.

만약 오른쪽이 우위안이고 왼쪽이 비우위안이라면 도수가 높은 쪽을 내려주는 처방을 만족하고 배율적으로도 도움 되는 처방을 할 수 있을 것입니다. 하지만 도수를 내리는 왼쪽이 우위안이라면 조금이라도 흐린 것을 불편해 할 수 있기 때문에 신중한 선택과 충분한 장용시간이 필요합니다. 또한 이러한 고민되는 상담에서는 동기부여와 적응을 해보겠다는 마음가짐을 위해 최종 도수 선택은 고객이 직접 하는 방법도 좋은 방법일 수 있습니다.

간혹 도수가 낮은쪽의 눈을 올려 처방하는 경우도 있습니다. 이 경우는 흐린 처방을 싫어하는 고객에게 추천될 수 있고, 선명한 시력이 유지되기 때문에 선택될 수 있습니다. 간혹 어지럽다는 표현을 할 수도 있습니다.

특히, 구도수가 없는 상태의 부등시 안경처방에서 만약 단초점렌즈로 사용하였다면 초기노안, 노안의 경우에는 모노비젼(Mono vision)을 꼭 확인해야 합니다. 다들 잘 아시겠지만 모노비젼은 대표적인 노안교정방법으로 콘택트렌즈, 안경렌즈로 아직도 해외에서는 많이 처방하고 있습니다. 초기노안의 경우에는 양안 도수 차이를 1~1.50D 정도 되기 때문에 적응, 양안시 문제, 입체시 저하가 일상생활이 불편할 정도로 임상적으로 크지 않아 모노비젼으로 많이 처방되고 있습니다.

부등시 안경처방을 위해 장용검사에서 완전교정을 했더니 어지러움도 없고 너무 잘 보인다고 해서 안경처방을 했더니, 다음날 와서 전 안경보다 가까운 것이 안보인 다는 경우가 많이 있습니다. 그렇다면 기존의 안경은 도수 차이를 줄인, 즉 높은 쪽 도수를 내린 처방이 된다는 것입니다. 따라서 초기노안 근처의 부등시 안경처방에서는 모노비젼을 하고 있었는지, 원용안경 처방시 근용시력은 잘 유지되는지 꼭 확인해야 합니다.

안경원에서 부등시의 처방 중 배율적으로 가장 좋은 방법은 콘택트렌즈 처방입니다. 하지만 전체적인 것을 고려했을 때 우선적으로 처방하기에는 현실적으로 어렵습니다. 예를 들면, 도수 차이를 줄여 안경을 착용하였지만 보다 선명하고 나은 양안시기능을 위해 완전교정을 목표로 콘택트렌즈를 권할 수 있습니다. 하지만 콘택트렌즈를 사용해 보지 않거나 관리적인 측면에서 볼 때 완벽한 정답이라고는 할 수 없습니다. 정점간거리 없이 배율적으로 좋은 콘택트렌즈 같은 처방법으로 안과에서 가능한 시력교정수술, 안내렌즈 삽입술도 원리는 같습니다.

안경렌즈로 교정할지, 콘택트렌즈로 교정할지 이론적인 선택 방법은 부등시의 원인을 먼저 알아야 합니다. 정확하게는 먼저 각막곡률을 측정하여 짝눈의 이유가 각막도수가 차이나는 굴절성인지, 안축장이 차이나는 축성인지, 아니면 혼합성인지를 알아야 합니다. 이후 안경배율을 고려하여 굴절성 부등시의 경우에는 콘택트렌즈 처방을, 축성 부등시의 경우에는 안경렌즈를 처방하는 것이 좋습니다. 하지만 현실적이지 않을 수 있기 때문에 이러한 이론을 기본으로 여러 가지 측면을 고려해야 합니다.

부등시에서 콘택트렌즈를 처방했을 때 장점은 많이 있습니다. 배율적으로 어지럽지 않게 착용할 수 있고, 시력도 좋고, 안경렌즈로 인해 한쪽 눈이 작아 보이지 않고, 한쪽이 무거워 기울어지지 않기 때문에 미용적으로도 좋습니다. 또한 주변부 도수 차이에 의한 부등사위(Anisophoria)도 발생하지 않기 때문에 양안시적으로도 좋다. 그리고 안경원에 있는 어떠한 콘택트렌즈로 당장 처방이 가능하고 비용도 저렴하기 때문에 안경이 어지러워 개선의 목적으로 볼 때 좋은 처방이 될 수 있습니다. 장용 테스트는 간단하게 시험용으로 제공되는 콘택트렌즈 한 쌍으로 가능하기 때문에 고민하지 않아도 됩니다. 하지만 앞에서 언급한 대로 증상이 그리 크지 않거나 한 번도 콘택트렌즈를 착용해보지 않았다면 현실성이 없을 수 있습니다.

이러한 부등시 처방에 적합한 여벌(Stock) 안경렌즈는 무엇을 추천할 수 있을까요?

여벌 안경렌즈는 다른 주문 안경렌즈 보다 선택사항이 없고, 콘택트렌즈에 비해 효과가 미비할 수 있지만 그래도 양면비구면렌즈(Double aspheric lenses)를 추천합니다.

부등시에서 양면비구면렌즈를 사용할 때의 장점은 ① 안경렌즈의 무게가 가벼워 안경 착용시 한쪽으로 기울어지는 피팅적인 문제를 해결할 수 있고, ② 두께가 얇아 외관적으로 눈 크기 차이 덜 나 미용적인 장점도 있습니다. 이 뜻은 기본 안경렌즈 착용시 도수 차로 인해 근시의 경우 실제 사물보다 상 축소 차이가 더 발생하지만, 양면비구면의 경우 두 눈 모두 상 축소도 덜 발생하고 상 축소 차이도 덜 발생한다는 것을 의미합니다. 또한 ③ 수차제어로 주변부 왜곡이 줄어들어 시야가 넓어지고 편안한 시선이동이 가능합니다.

아래 구면과 양면비구면 비교 사진으로 전달하기에는 한계가 있지만 같은 굴절률, 같은 도수의 두 렌즈를 비교한 다음의 사진을 보면 쉽게 이해할 수 있다.

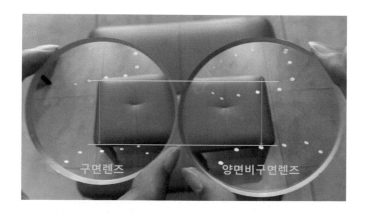

구면렌즈   양면비구면렌즈

● 부등상시 검사와 배율렌즈 처방의 흐름

부등시를 안경렌즈로 교정하면 부등상시(aniseikonia)가 발생할 수 있습니다. 하지만 눈이 도수 차이가 난다고 하여 꼭 부등상시가 발생하는 것은 아닙니다. 고객의 다양한 증상들은 망막상 차이가 나는 부등상시와 연관되어 있습니다. 이러한 부등상시에서 상의 크기를 맞춰주는 주문 안경렌즈를 학교에서 배웠듯이 등상렌즈(Iseikonic lens) 또는 사이즈렌즈(Size lens)라고 부릅니다. 이 책에서는 부등상시와 등상렌즈의 처방에 대해 정확하게 알고, 임상에서는 현실적으로 어려운 선택이라는 것을 간단히 말해보고자 합니다.

부등상시로 인해 불편한 증상을 느껴 방문한 고객의 일반적인 검사과정은 다음과 같습니다.

① 문진 및 증상 확인
② 예비검사(우위안 검사, 입체시 검사)
③ 굴절검사 및 처방 도수의 결정
④ 결정된 처방 도수로 부등상시 검사(몇 %의 망막상 차이가 나는지)
⑤ 시험 배율렌즈(평면배율렌즈)로 증상을 완화시키는 최소 확대 배율 선택(장용)
　　→ 복시 제거, 입체시력 향상 확인
⑥ 굴절검사 처방, 배율처방, 안경렌즈의 옵션을 결정하여 등상렌즈 주문

①~③번 과정은 앞에서 설명하였고, 결정된 도수를 장용한 상태에서도 불편한 증상을 느끼거나, 부등상시 유무와 정도를 확인하기 위해 ④번의 부등상시검사를 진행합니다.

부등상시검사는 편광 또는 적녹을 이용하여 다양한 종류로 검사가 가능한데, 안경원에 있는 프로젝터 또는 LCD차트에 있는 원거리 쌍디귿 시표(coincidence test)로 수평, 수직방향의 부등상시를 검사할 수 있습니다.

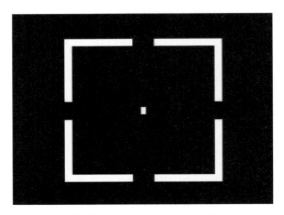

쌍디귿 시표(coincidence test)

또한 국내에 많이 보급되어 있고 근거리에서 검사가 가능한 Awaya test 시표를 이용해서 검사도 가능합니다. 적녹 필터안경을 착용하고 우안, 좌안의 부등상시가 있을 때 좌우 반원의 크기가 동일한 시표를 선택하면 어느 쪽 눈에 몇 %의 망막상 차이가 나는 부등상시인지를 검사할 수 있습니다.

New Aniseikonia Test(Awaya test)

④번까지의 과정으로 증상이 있는 부등시가 부등상시검사로 상 크기 차이를 알아보았습니다. 이제 ⑤번의 과정이 가장 중요한데 많은 안경사들이 이 과정을 잘 모르거나 그냥 넘겨버리는 경우가 대부분입니다. **⑤번의 과정은 고객이 느끼는 불편한 증상이 진짜 부등상시 때문인지를 검증하는 중요한 과정입니다.** 고객의 불편한 증상이라는 것은 사위, 조절, 생활환경 등 다양한 원인이 될 수 있습니다. **"정확한 처방"이라는 것은 그 증상을 해결해주는 주된 원인을 찾아 처방하는 것을 의미합니다.** 이때 꼭 확인하는 용도로 필요한 장비는 도수는 없고 배율이 점차 증가하는 시험 배율렌즈가 필요합니다.

무도수 배율 시험렌즈(1~7X)

위 사진에서 보는 것이 도수가 없고 배율이 1~7× 증가하는 시험 배율렌즈 세트입니다. 부등상시 검사로 몇 %의 망막상 차이를 확인하고, 이후 도수가 높은 쪽에 상을 확대시켜 주는 시험 배율렌즈를 1× 부터 장용하여 복시가 제거되고, 고객의 증상 완화와 입체시력의 향상이 있는지를 확인해야 합니다. 사위의 안정피로 감소를 위해 처방하는 프리즘처방 처럼 측정된 전체 사위양을 프리즘렌즈로 처방하는 것이 아니고, 증상을 완화시켜주는 최소량을 찾기 위해 장용테스트 후 적절한 배율의 등상렌즈 옵션으로 주문을 해야 합니다.

그래도 ⑤까지 과정은 일정한 검사 도구만 있으면 어느 정도 쉽게 감을 잡을 수 있다. 하지만 현실적으로 어려운 난관은 이제 ⑥번 등상렌즈 주문에 있습니다.

국내에서 주문 가능한 등상렌즈는 눈이 나쁜 쪽 전체범위 중심두께를 두껍게 하여 상을 확대 시켜주는 등상렌즈(overall size lens)만 가능하고, 각 경선별 등상렌즈 (meridional size lens)는 주문이 불가능합니다. 또한 대부분의 상 확대는 도수와 검사에 따라 다르겠지만, 질환적 문제가 아닌 일반적인 굴절이상의 차이이기 때문에 전체 범위 중심두께를 2~5mm 정도 두껍게 하여 1% 이내(대부분 0.2~0.5% 사이)의 망막상 확대 처방을 기대할 수 있습니다. 도수에 따라 다르겠지만 중심 두께를 많이 두껍게 해도 배율 확대는 미비한 편입니다. 오히려 앞에서 얘기한 양안 도수 차이를 줄이는 처방이 배율, 적응, 주문 시간, 금액, 외관, 피팅 등 모든 경우의 수를 고려했을 때 좋을 수 있습니다. 꼭 시험 배율렌즈로 자각증상이 감소하는지를 확인하고, 꼼꼼한 장용을 통해 처방이 필요한 최소 확대 배율양을 결정해야 합니다.

최근 렌즈 제조사에서 처방을 입력하면 등상렌즈로 주문을 받는 경우도 있고, 안경사 선생님들께서 안경배율 계산 프로그램 또는 엑셀로 계산하여 중심두께 지정하는 방법으로 양면비구면, 개인맞춤렌즈 등 안경렌즈(RX)를 주문하는 경우도 있습니다.

그래도 위와 같은 과정을 통해 부등시 고객에게 불편한 증상을 완화해주기 위해 여러 가지 고민을 통해 등상렌즈 옵션을 주문하여 처방한다는 것은 안경사 선생님의 대단한 노력이고 배움의 결과이기 때문에 진심으로 손뼉을 쳐 드리고 싶습니다.

● 안경렌즈 배율에 관하여

학교에서 배웠던 안경배율 공식을 보면 몇 가지 변경가능한 옵션이 있는데, 결국 임상적으로 현실적이지 않다는 것을 다시 한번 알게 될 것입니다.

$$SM = \frac{1}{1-(t/n)F_1} \times \frac{1}{1-dF_v'}$$

안경배율(Spectacle magnification)

= 형상계수(Shape factor) × 굴절력계수(Power factor)

앞에서도 얘기했듯이 일반적으로 상 크기를 키우는 처방을 해야 하므로, 근시 도수가 높은 쪽에 실제 사물보다 작게 맺힌 망막상을 키워주는 처방으로 접근해야 합니다. 이때 적용 가능한 변수들은 다음과 같습니다.

근시의 처방에서 안경배율을 확대하기 위한 방법

형상계수	굴절력계수
① t(중심두께) : 안경렌즈 중심두께를 두껍게 한다. ② n(굴절률) : 굴절률은 되도록 낮은 것을 선택한다. ③ F1(전면부 BC) : 전면부 커브는 볼록하게(스팁하게)	④ d(정점간거리) : 정점간거리를 짧게 한다.

위와 같이 망막상을 확대하려면 총 4가지 경우의 수가 있습니다. 하지만 도수가 높은 두꺼운 렌즈를 더욱 두껍게 하는 처방이기 때문에 현실성이 떨어집니다. **임상에서 전해져 내려오는 '부등시에서 높은 쪽 도수는 굴절률이 높은 것으로 선택하고, 낮은 쪽은 낮은 굴절률로 선택해라.'라는 것은 안경렌즈의 두께를 맞추는 좋은 처방이 될 수 있지만, 배율적인 측면을 보면 반대로 처방한 것을 알 수 있습니다.** 하지만 대부분 큰 문제가 없었을 것이다. 굴절률로 반대로 처방한다 해도 배율차이가 얼마 나지 않고, 앞에서 설명한 대로 어느 정도의 도수 차이는 뇌에서 자연스럽게 적응하여 안경을 잘 사용할 수 있고, 오히려 두께 균형으로 만족해 할 수도 있기 때문입니다.

원시의 경우에는 반대로 도수가 높은 쪽 눈의 확대된 배율을 줄이는 처방을 합니다. 이 경우는 위 4가지 변수조정을 반대로 하면 됩니다. 하지만 원시의 경우는 중심두께만 고려한다면, (+)원시 도수가 높은 쪽의 중심두께를 얇게 하고(최소직경, 최소두께 지정주문) 반대쪽의 경우 최소두께보다 두껍게 하면 도수 차이는 나지만 외관, 미용, 피팅적으로 큰 문제가 되지 않고 균형을 어느 정도 맞출 수 있습니다. 하지만 근시의 경우에는 두꺼운 쪽이 계속 두꺼워지는 문제점이 발생합니다.

● 등상렌즈 처방의 현실적인 문제

배율처방을 위해 등상렌즈를 주문하여 렌즈 도착 후 렌즈 두께를 처음 보면 안경사는 가공 전부터 고민하게 될 것입니다. 생각보다 너무 두껍고 가장자리만 두꺼운 것이 아니고 중심두께가 모든 범위에서 두껍기 때문에 무게도 상당히 무겁습니다. 그래서 전면부 두께가 두껍고 튼튼한 안경테를 고르는 것이 좋습니다. 피팅적으로도 탄성, 흘러내림 등을 고려했을 때 울템소재의 안경테를 선택하는 것도 좋은 방법입니다. 아세테이트 안경테는 두께를 효과적으로 가릴 수 있지만, 한국인의 얼굴형태에 맞고 코와 귀높이를 잘 관찰하여 착용 중에 흘러내림이 없을 경우에 선택하는 것이 좋습니다. 또한 코받침이 없는 아세테이트 안경테의 경우에는 정점간거리가 짧아지기 때문에 상대적으로 배율차이를 줄일 수 있고, 안경렌즈를 조제할 때 산각의 위치를 조정하여 도수가 높은쪽 렌즈의 정점간거리를 조금 짧게 해도 좋은 가공이 될 수 있습니다. 하지만 코받침도 없고 정점간거리도 너무 짧으면 눈을 깜빡일 때 계속 눈썹이 안경렌즈에 닿기 때문에 사전에 확인을 해야 합니다.

또한 렌즈 중심두께가 두껍기 때문에 근시도수가 높으면 안경테 사이즈를 작은 것을 고를 때처럼 고르겠지만 작은 안경테를 골라도 근시의 처방보다 두꺼워 보입니다.

예) 부등상시의 배율처방(좌안의 상 확대를 위한 중심두께 증가 처방)

예)	안경처방	중심두께	배율 변화
R	S−0.50	1.5mm	
L	S−4.00	4.5mm(약 3mm 두껍게)	약 0.4% 상 확대

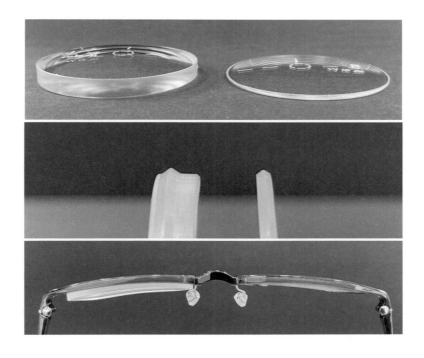

　여러 가지를 고려 해보면 부등시의 안경처방은 참으로 어려운 것 같습니다. 여러 고려할 요소들을 고객과의 상담을 통해서 찾는 과정이 꼭 필요합니다. 시간적인 여유와 충분한 고객과의 문진을 통해서 가능합니다. 예민한 부등시 고객이 왔을 때 겁부터 내지 말고 고객과의 문진과 상담 시간을 많이 가지면서 몇 가지 안경처방 경우의 수를 가지고 선택할 수 있도록 유도하면 클레임율이 줄어들 수 있습니다.

　부등시 처방은 확률적으로 클레임 소재가 다분히 존재 하지만, 이것 또한 고객에게 사전에 고지하고 상담을 진행하면 고객의 만족도와 처방의 신뢰도가 올라가게 됩니다. 만약 클레임이 발생한다면 그 정보를 수집하여 본인 나름의 임상 기준을 쌓아서 다음 성공 확률을 높인 부등시의 안경처방을 준비하는 것이 가장 현명한 방법인 것 같습니다. 많은 부등시 환자를 접해보면서 많은 대화와 상담을 통해서 본인만의 데이터를 모으기를 바랍니다. 경험하다 보면 반드시 자기만의 기준이 정립될 것입니다. 기준이 정립되는 과정이기 때문에 초반에는 클레임이 걸려도 괜찮습니다.

기준이 생길 때까지 많이 경험해보는 방법밖에 없습니다. 여러분들도 이러한 방법들이 본인만의 기준을 갖는 데 조금이라도 도움이 되길 바라며, 부등시를 처방하는 다양한 안경처방 방법, 안경렌즈 주문 방법 등 모두 옵션들이 안경사가 고민해야 되는 중요한 부분이라는 것을 같이 공감했으면 합니다.

● 한쪽 눈을 실명한 고객의 안경처방

지금까지 부등시에 관련된 내용은 두 눈의 교정시력이 어느 정도 잘 나오는데, 교정했을 때 배율 차이 문제로 인해 불편해 하는 것을 잘 적응시키기 위한 편안한 안경처방에 대한 내용에 대해 언급하였습니다. 부등시 처방은 구안경이 없을 때는 정말 어렵습니다. 앞에서도 언급했지만 어떤 경우에는 집에 가서 기존 안경을 가지고 오라고 할 때도 있습니다. 그만큼 고려할 사항이 많아 정답을 찾기가 어렵다고 할 수 있습니다.

부등시의 경우에는 '교정 방법을 어떤 것으로 할지, 좌, 우안의 교정 도수를 어떻게 결정할지'가 중요한 결정사항이 됩니다. 빛의 밝기를 느낄 수 있고, 어느 정도 시력도 나오기 때문에 양안시 혜택과 효과도 충분히 느낄 수 있습니다.

안경원에서 쉽게 접하지는 못하지만, 간혹 방문하시는 고객분들 중 한쪽 눈이 실명하신 고객의 안경처방도 초보 안경사의 경우에는 당혹스러울 수 있습니다. 하지만 이런 경우에도 고객의 입장에서 생각해보고 본인만의 기준을 가지고 있다면 좋은 안경처방을 할 수 있을 것입니다.

선천적, 후천적 다양한 이유로 한쪽 눈이 실명한 단안 맹의 경우에는 적절한 표현일지는 모르겠지만 극단적인 부등시(단안시)라고도 볼 수 있을 것 같습니다.

많이 걱정되는 상태에서 검안을 접하겠지만, 정작 고객의 경우에는 한쪽 눈으로 아무 문제 없이 생활하시는 분이 많습니다. 후천적인 단안 맹의 경우에는 그래도 어느 정도 경험적 거리 감각을 느끼고, 어느 정도 익숙해지면 일반 생활도 충분히 가능하고, 단안으로 누진가입도렌즈도 잘 사용하는 것을 보면 항상 인간의 적응 능력은 대단하다고 느낍니다.

제가 가지고 있는 기준 중의 하나는 단안 맹(한쪽 눈 실명)도 아무 문제 없이 생활할 수 있다는 것입니다. 이 이치를 깨달은 이후 한결 부등시 처방을 할 때 많은 도움이 되었습니다. 학교에서 배운 이론을 바탕으로 이 이치를 접목해서 고객과의 긴밀한 의사소통을 하면 부등시 처방의 클레임율이 많이 줄일 수 있을 것입니다.

저도 이런 경험이 없을 때는 단안 맹이나 부등시를 처방할 때마다 어렵고 힘들었지만, 고객의 입장과 안경을 맞추시려는 의도를 이해하고, 인간의 능력은 대단하다는 것을 어느 정도 이해하고부터는 안경 처방이 한층 수월해졌고, 이런 경험들이 하나하나 쌓이다 보니 나 나름대로 기준과 원칙이 어느 정도 생긴 것 같습니다.

인간은 불편함이 생기면 자기 스스로 알아서 편리함을 만들어 내는 순기능이 있다고 합니다.

간단한 굴절이상의 안경 처방도 정답이 없다고 하는데, 이렇게 고려할 것이 많은 경우에는 그만큼 안경 처방이 어려울 수 있습니다. 특히 초보 안경사들은 잘 적응하실 수 있을지 항상 고민이 되는 안경 처방이겠지만 지금까지 언급된 전체적인 내용을 기억하고 순서와 방법에 맞게 올바른 접근을 한다면 충분히 잘 적응하실 수 있는 좋은 안경 처방을 할 수 있을 것입니다. 어느 정도 클레임이 생겨도 좋으니 초보 안경사의 경우에는 본인만의 흔들리지 않는 기준을 설정하는데 집중을 했으면 좋겠습니다.

자신감 있게 부등시 처방을 해 봅시다!

11. 안경처방을 위해 알아두면 도움이 되는 임상 철칙들

① 아무리 잘못된 처방이라고 생각이 들어도 그 처방을 존중해야 한다.

"나보다 더 뛰어난 안경사가 처방한 특별한 이유가 있을 것이다."라고 생각해야 합니다.

보통의 안경사들은 자존심이 강해서 안경 처방이 본인과 다르면 "틀렸어요!, 잘못됐어요!" 이런 말들을 고객 앞에서 쉽게 얘기합니다. 그 안경을 언제 맞추었고 얼마나 그 도수로 사용하고 있는지 파악조차 안하고 그러한 말들을 합니다. 우리 인체 또는 사람 눈은 어떻습니까? 한 달을 예측 못하고 하루를 예측 못합니다. 하루 뒤에 도수가 변할 수도 있습니다. 그런데 특별한 문제 없이 1년 6개월 이상 쓰고 있었는데 오늘 당장 검사해 보고 그 처방이 "잘못됐습니다."라고 단언 할수 있습니까?

고객의 심리 상태가 어떤지도 모르고 단 10~20분 만에 측정한 눈검사 결과를 보고 "쓰고 오신 안경도수는 잘못됐습니다."이런 말들을 쉽게 할 수 있습니까.

이 안경을 처방한 사람이 어떠한 이유로 이렇게 처방했는지 어떻게 알아요? 나보다 더 공부를 많이 하고 똑똑한 사람이 무슨 이유(고객의 심리, 특별한 시력 요구도, 앞으로 일어날 눈 변화에 관련된 비전 컨설팅 등)로 이러한 처방을 했는지 알아요, 몰라요? 모릅니다.

안경처방이라는 것은 처방을 내린 안경사의 고유 권한입니다.

그 사람의 처방을 존중하지는 못할망정 고유 권한을 건드리면 안 됩니다. 그 사람이 어떤 이유에서 이 처방을 냈을 것인지 찾아보고, 고민해보고, 존중해야 합니다. 만약 내 처방과 다르다고 하여도 '내 처방이 더 좋고 편하고 선명할 것이다.'라는 표현으로 고객에게 신뢰를 얻고자 하는 표현은 좋지 않습니다. 오히려 도수 변화에 따른 시각적 변화와 적응에 대해 자세히 설명하는 비전 컨설팅(Vision consulting)이 꼭 실행되어야 합니다.

② 스크래치도 하나의 도수(한 단계 도수 또는 불안정한 도수)라고 생각해야 한다.

임상적으로 중요한 내용인데, 스크래치가 많은 고객이 같은 도수로 렌즈를 교체하면 잘 보인다는 얘기를 많이 합니다. 이유가 여러 가지가 있겠죠. 하지만 우리가 여기에서 생각해야될 문제는 스크래치가 많은 안경렌즈를 착용하던 사람이 안경렌즈를 교체할 때 도수결정을 신중히 해야한다. 그리고 동일한 도수로 처방하더라도 '보다 선명하거나 어지러울 수도 있다.'라는 점을 명심해야 합니다.

렌즈미터(Lens meter)로 도수를 측정해보면 기존 안경과 새로 렌즈만 교체한 안경의 도수는 같습니다. 그런데 손님이 새로운 안경을 쓰면 더 잘 보인다고 얘기해요.

예를 들어서 어떤 안경사가 S-2.00D 근시인 손님을 검사를 해서 S-2.25D로 처방해 줬어요. 그런데 구안경이 3년 정도 사용해서 스크래치가 엄청 많아요.

그래서 시력 검사를 해보니까 시력이 나빠져서 한 도수 높여 S-2.25D로 처방을 했어요. 그런데 도수를 한단계 밖에 안 높였는데 손님이 엄청 어지럽다고 얘기하는 경우가 많이 있습니다.

그럴 때 임상에서 조심해야 할 것은, 검사를 했을 때 S-2.25D이 나빠졌을 때 스크래치가 많이 있다면 도수 높이는 것을 한 번 더 고민해야 합니다. 이 안경을 쓰고 눈을 통해 뇌에서 느끼는 것은 깨끗한 화면이 동일한 도수라고 하여도 스크래치가 없는 안경으로 본다면 훨씬 밝다고 인지합니다. 결과적으로 숫자로는 한 도수지만 뇌가 느끼는 거는 한 도수 이상입니다. 그래서 부담스럽다는 얘기를 많이 합니다.

그래서 이건 이론으로는 명확하게 단정지을 수는 없지만, 임상에서 제가 해본 경험으로 보면 이런 경우도 자주 있으니까 구안경 상태에 따라서 도수 처방할 때 신중해야 합니다.

얼마 전에도 있었어요.

누진다초점렌즈 손님인데 엄청 스크래치가 많아서 수동 렌즈미터에 코로나가 안 보일정도로 기스가 많았어요. 오른쪽 도수만 겨우 보였어요. 원용이 S+1.75D이었습니다. 왼쪽은 너무 스크래치가 많아서 도수 측정이 안되었습니다. 원용은 특별한 문제가 없어서 이 손님한테 예전 기록과 똑같이 S+1.75D를 처방 해줬습니다. 몇 년 후에 오신 고객이기 때문에 가입도를 200D에서 한 단계 올려 2.25D로 처방하였습니다. 근용부에 스크래치가 더욱 많았는데 아니나 다를까 클레임이 났습니다.

물론 왼쪽 도수도 잘못됐을 수도 있지만, 한 단계 올린 가입도 때문에 근용부 시야도 좁고 주변 시야가 기존보다 엄청 어지럽다고 클레임이 났어요. 그래서 그 안경사가 도저히 원인을 몰라서 제가 얘기해 줬습니다. 스크래치가 많은 분은 렌즈만 교체해도 깨끗하게 보여 한 단계 올리지 말고 기존과 동일하게 맞춰주라고 얘기를 해줬어요. 스크래치가 많은 안경들을 보면서 직원들에게 자주 얘기를 해주지만 또 잊은거에요. 막상 실무를 하다보면 모든 것들이 이론과 일치하지 않기 때문에 혼란이 생길 수도 있습니다. 충분히 이해합니다. 3~4년이 지났으니까 가입도 검사를 하면 2.25가 맞을 거예요. 그런데 제가 얘기를 했죠.

"기존과 동일하게 2.00D만 처방해도 충분하다." 그래서 가입도를 200D로 낮춰 기존과 동일하게 다시 해드렸더니 선명하면서 편하다고 하셨습니다.

창문을 통해 밖을 보는데 오래되어 스크래치 많이 난 창문하고, 새로 오픈한 매장에서 보는 것 하고 어때요? 깨끗한 창문이 훨씬 밝고 맑게 잘 보이죠?

그것하고 똑같은 이치라고 생각합니다.

그래서 "항상 구안경 스크래치가 많이 있는 안경은 도수를 변경할 때, 오늘 처방할 도수 보다 조금 더 낮게 처방하는 것도 괜찮다."

그래서 항상 머릿속에 "스크래치도 도수 한 단계(1 Step)다."라는 생각으로 일을 하면 클레임을 줄일 수 있습니다.

③ 어떤 안경이 좋은 안경이야?

보통 "좋은 안경이다. 안경이 좋다."라고 하면 여러 가지 이유가 있겠지만 크게 2가지로 나눌 수 있습니다. (본인이 좋아하는 브랜드의 안경, 미용적인 안경은 열외)

① **잘 보이는 안경**과 ② **편안한 안경**, 이렇게 2가지로 나눌 수 있습니다.

잘 보이는 안경은 광학적인 요소를 의미하죠. 학교에서 이론적으로 배운 굴절검사의 기준이 되는 1.0 교정시력, 완전 교정을 의미합니다. 완전교정을 기준으로 장용평가를 하여 최종 처방을 하게 되죠.

편안한 안경은 잘 보이는 안경보다는 여러 가지 요소가 필요하고 특히, 고객의 주관적인 느낌(감각)이 많이 요구됩니다. 그렇다면 "이 두 가지 중에 좋은 안경의 정답은 뭐냐?"라고 하면 고객마다 선호하는 것이 다릅니다.

많은 안경사들은 잘 보이는 안경, 이것만 할 줄 아는 사람이 많아요. 왜?? "잘 보이니 좋잖아. 잘 안보이면 클레임이잖아." 그렇지요? 이건 학교에서 배워서 할 수 있는 이론적인 처방 방법을 의미합니다. 하지만 초년차 안경사가 처음 '잘 보이게, 너무 잘 보이는 안경'을 생각하면서 안경처방을 하면 오히려 클레임이 나고 또한 이론적으로 배운대로 했는데 이론이 맞지 않는다는 것을 알고 고민에 빠질 수밖에 없습니다. 임상에서는 정답은 없고 특히 고객의 주관적 의존도에 따라 다르기 때문에 그렇죠.

제가 생각하는 좋은 안경이란 무엇일까요?

저는 편안한 안경이 먼저라고 생각해요. 편안하고 그 뒤에 고객이 만족할 만큼 잘 보이게 해주는 안경, 이것이 좋은 안경.

여기에서 중요한 것이 뭐냐 하면 순서가 바뀌었다는 얘기예요.

제가 임상을 30여년 해보니까 편안한 안경이 먼저더라. 그렇다고 해서 잘 안 보이면 안 되죠. 편안한데 잘 안 보이면 그것도 클레임 입니다. 그래서 잘 보이면서도 편안한 안경을 맞출줄 아는 안경사가 실력있는 안경사입니다.

임상에는 정답이 없기 때문에 저보다 광학적으로 검안학적으로 공부를 많이 한 사람은 이걸 반대할 수도 있을 거예요. 여러분들이 나중에 좋은 안경을 만들기 위해 어떤 공부를 더 많이 하실지는 모르겠지만, 제가 지금까지 임상을 공부한 결과는 편안한 안경을 우선으로 고려하는 것이 훨씬 더 현실적이고, 고객의 만족도가 상대적으로 더욱 높았습니다. 그래서 "편안하면서 잘 보이는 안경이 저는 좋은 안경이다." 라고 생각합니다.

④ 우위안 검사는 꼭 해야 한다.

(1) 임상 우위안 검사

우위안 검사가 뭐냐 하면, 두 눈 중에 주도적으로 사용하는 눈이 어느 쪽인지를 확인하는 검사인데, 예를 들면 손도 오른손잡이 있고 왼손잡이가 있죠? 눈도 마찬가지로 우안을 주로 사용하는 사람이 있고, 좌안을 주로 사용하는 사람이 있어요. 손, 다리, 뇌, 눈 등 총 다섯 가지 정도가 있다고 합니다.

오른손잡이라고 해서 눈, 발, 뇌 등이 다 오른쪽이 우세한 것은 전혀 아닙니다. 부위마다 다 다르고 사람마다 다 달라서 이것으로 아직도 연구하기도 하고 논문도 많이 나와 있습니다.

우위안을 측정해서 안경 처방을 할 때 고려하는 원칙이 어떻게 되지요?

우위안 쪽을 잘 보이게 해준다. (양안 균형이 1단계에서 맞추지 못하는 경우 등)

여기서 잘 생각해야 하는 것은 무조건 우위안 쪽이 잘 보이는 게 하는 것이 아니고, 현재 착용하고 있는 안경이 어느 쪽 눈의 시력이 잘 나오는지 또는 교대로 한 도수에서 왔다 갔다 하는지 등 고려해야 할 사항이 다양하게 있어요.

예를 들면,

	착용하고 있는 안경 도수	교정시력	우위안
R	S−1.00D	1.0^{-2}	●
L	S−1.25D	1.0	

오늘 양안균형을 잘 맞춰서 처방한 안경의 도수가 위 표와 같았고, 우위안은 우안

(오른쪽)이었습니다. 우위안은 오른쪽 이었지만 양안균형을 맞춘 상태는 약간 왼쪽이 잘보이는 상태입니다.

만약에 조금 더 잘보이는 왼쪽의 도수를 1단계 맞춰주면 우위안인 오른쪽이 잘 보이기는 하지만 우안과 좌안의 시력 차이가 조금 나게 됩니다. 1단계로 맞추지 못하는 경우는 편의상 우위안 쪽이 잘보이게 마지막 결정을 하겠지만, 막상 굴절검사를 하다 보면 왔다 갔다 하면서 혼란에 빠기게 되는 경우를 자주 봅니다. 즉, **우위안을 고려해야 하지만, 항상 우위안쪽이 보다 잘 보이게 처방하지는 않고 구안경의 시력과 새로 처방하는 안경의 시력을 참고하여 결정해야 한다는 것입니다.**

위와 같은 경우 오른쪽에 도수를 높이면 잘 보일거 같은데 더 이상 시력이 안 나오는 경우도 많이 있습니다. 아시다시피 교정시력이 잘 안나오거나, 약시의 경우에는 우위안을 고려할 수 없는 상황입니다.

최종적으로 '두 눈 중 (균형이 안맞으면) 우위안을 잘 보이게 해줘야 겠다!'라는 생각만 하시면 안 됩니다.

저 같은 경우에는 손으로 예를 많이 듭니다.

만약에 제가 태어나서 어릴 때 오른손잡이였다고 가정합시다. 그런데 어렸을 때부터 부모님이 왼손잡이가 머리가 좋다고 습관적으로 왼손을 쓰게 했어요. 왼손으로 밥도 먹고 글씨도 쓰고 그랬습니다. 제가 타고난 것은 오른쪽인데 계속 저는 왼쪽으로 먹다 보니까 10년, 20년 지나니까 이제는 왼쪽이 더 편해요.

그런데 어느 날 안경원에 와서 안경사한테 검안을 받고 있는데 우위안 검사를 하더니 "당신은 오른쪽이 우위안이니 오른쪽 눈이 왼쪽 눈보다 더 잘 보여야 합니다."라고 하면 어때요? 불편할 수밖에 없습니다.

우리 몸은 모두 근육으로 만들어져있죠. 잘 쓰던 근육은 발달이 되고, 안 쓰면 힘이 줄어들게 됩니다. 그런데 안쓰던 근육을 갑자기 많이 쓰게 하면 어떻게 되요? 몸살이 납니다. 근육통이라고 하죠.

그래서 조금 덜 보였는데 우위안이라고 더 잘보이게 도수를 올려주면 어때요? 몸살 나듯이 뭔가 이상한 변화가 생기는 겁니다. 꼭 우위안을 바꿔서 나타난 변화라고 보기 어려울 수도 있지만 새로 맞춘 안경에서 잘 보이는 쪽 눈이 바뀌게 되면 머리가 아플 수도 있고, 눈이 아플 수도 있습니다.

그래서 우위안을 바꾸거나 잘 보이는 눈을 바꿀 때에는 항상 신중히 결정해야 합니다. 따라서 우위안이 덜 보인다고, 반대 쪽이 잘 보인다고, 균형이 안맞는다고 그냥 쉽게 '1단계 올려줘야겠다.' 라는 생각을 하면 안 된다는 얘기입니다.

보통 어린아이는 마음이 순수하고 짜증의 표현이나 클레임 표현을 하지 않기 때문에 보다 쉽게 적응하는 것 같습니다. 하지만 나이가 40대가 넘고 노안이 진행 중인 사람들한테는 쓰고 있던 안경 도수와 우위안이 잘못되어 있어도 바꾸면 클레임 날 확률이 상대적으로 높은 것 같습니다. 그럴 때는 꼭 손님과 충분히 상담하고 고객의 동의하에 선명하게 보는 쪽 방향을 바꿔야 합니다.

(2) 우위안 검사 방법

임상에서 우위안 검사는 보통 구멍을 통해 주시 시표를 보는 방법을 가장 많이 사용하는 것 같습니다(Hole in the card methods). 또는 고객의 손을 이용해서 삼각형을 만들어 사용하기도 합니다.

제가 생각하는 우위안 검사는 여러 가지 검사 기구를 쓰거나, 손을 이용해서 검사를 진행할텐데 제가 생각하는 보다 효과적인 우위안 검사방법은 고객에게 직접 알려주면서 손을 이용한 검사를 추천합니다.

검안은 고객과 수많은 자각적 문답을 통해 최상의 안경처방을 결정하는 과정인데, 이때 고객과의 친밀감, 신뢰감 등이 빨리 생성되어야 보다 안정적인 안경처방과 판매가 이루어질 수 있다고 생각합니다. 따라서, 딱딱하게 느껴지는 일반적인 우위안 검사 도구보다 직접 시범을 보이며 손으로 검사가 이루어지고, 잘 안되면 직접 손으로 시선 정렬을 도와주는 "손을 이용한 우위안 검사" 방법을 추천합니다.

(3) 우위안 검사의 필요성

우위안 검사를 안하는 안경사들이 많이 있습니다. 저 또한 30여년 안경사 생활을 하며 다른 양안시검사들은 생략할 수 있지만 이 우위안검사 같은 경우는 무조건 하는 예비검사이고, 후배 안경사님들께 꼭 해야 하는 검사라고 신신당부 하고 있습니다.

물론 이 검사를 하지 않아도 크게 안경 처방에 문제가 없을 수도 있습니다. 어떤 경우는 굴절검사가 다 끝난 이후에 양안시 검사로 우위안 검사를 하는 경우도 있었습니다. 안우성(eye dominance)을 판단하는 검사이고 이 정보를 통해 굴절검사와 안경처방시 고려하기 위한 검사이므로 반드시 굴절검사 이전에 예비검사로 시행되어야 합니다.

하지만 이 우위안 검사를 안하고 내리는 안경처방은 반쪽짜리, 거짓말 안경처방이라 생각합니다. 왜? 어느 쪽을 주도적으로 사용하는지? 이번에 처방하는 시력이 동일한지?, 오히려 우위안이 흐려지지 않는지? 등에 따라 고려해야 되는 상황들이 달라지기 때문입니다.

두 눈의 안우성이 비슷할 수도 있습니다. 비슷하면 비슷한 대로, 다르면 오른쪽-왼쪽에 맞게 안경처방을 신중히 고려해줘야 합니다.

클레임이 걸리는 여러 가지 이유가 있겠지만, 이 사소하다면 할 수 있는 우위안검사의 결과로 발생하는 클레임이 많으므로 꼭 검사하고, 처방할 때 고민해서 해야 합니다.

- **우위안 검사의 중요성**
  ☞ 두 눈의 안우성을 알아보기 위해
  ☞ 고객과의 친밀함 증가. 안정적인 안경처방을 위해

- **우위안 주의사항**
  ☞ 나이가 40대가 넘거나 기존 안경을 아주 오랫동안 착용하신 고객은 우위안을 바꾸지 않는 것이 좋다.

12. 한국 안경원에서의 양안시검사(예비검사)

앞에서도 언급했듯이 한국과 해외의 검안 시스템에는 차이가 있습니다. 해외의 경우에는 눈에 해당하는 다양한 검사를 받게 되면 안경 구매 없이도 검사료를 받을 수 있는 시스템이지만, 한국의 경우에는 안경 또는 콘택트렌즈를 맞춰 결제하는 금액에 검안 비용과 조제 가공 비용이 포함되어 있습니다. 만약 시력 검사만 받게 된다면 사전에 비용 안내 없이는 일반적으로 시간적 투자와 기술료를 받지 못하는 것이 현실입니다. 따라서, 우리나라의 검안 과정은 해외와는 달리 효과적인 다른 방법이 필요합니다. 그 대안이 예비 검사(Preliminary tests, Entrance tests)의 활용입니다.

예비 검사는 문진 후 굴절검사 전에 시행되는 과정으로 일명 "가성비"가 좋은 검사 방법입니다. 보통 1분 이내에 끝낼 수 있는 간단한 검사들로 구성되어 있고, 특히 검사 시간은 짧지만, 눈에 관련된 이상이 있으면 예측확률이 높아서 보통 앞으로 진행 돼야 할 검사 방향과 안경 처방을 결정하는 중요한 지표로 활용됩니다. 검사 시간도 짧고 정확도도 높아 검사료를 받지 못하는 한국의 안경원 시스템에서 꼭 필요한 검안 과정이라고 할 수 있습니다.

우리 안경원은 프랜차이즈 안경원 본점이고, 체계적인 검안 시스템을 위해 10여 년 전 한국의 안경사 업무 범위를 고려하여 예비 검사를 적극적으로 활용하는 "ESC 검안 매뉴얼"이라는 것을 자체 개발하여 안경원에 적용하고 있습니다.

ESC의 뜻은 "Easy(쉽고) Speed(빠른) 검안을 통하여 Comfort(편안한) 안경 처방을 위한 검안법"이라는 의미로, 여러 가지 검안 과정 중 특히 예비 검사 항목을 4개로 구분하고 세분하여 진행됩니다. 나중에 중요성을 언급하겠지만, 가장 중요한 예비검사로는 아래 그림 왼쪽 위에 나열된 3개의 기본 예비검인 시력 검사, 동공간거리측정, 우위안검사입니다. 자세한 검사 항목 및 과정은 아래 그림으로 소개하고 있습니다.

물론 가림 검사나 폭주근점 검사도 중요합니다. 하지만 이것들보다 더욱 중요하다고 할 수 있는 것은 기본 예비검사인 위 3가지 검사입니다. 우위안검사를 그냥 안일하게 넘기면 안 되는 중요한 검사라는 것을 다시 한번 말씀드립니다. 아무쪼록 기본에 충실하시고, 특히 다른 기술적인 양안시검사들 보다 기본예비검사(시력, PD, 우위안)부터 시작하는 안경사 선생님들이 되셨으면 좋겠습니다.

"ESC 검안 매뉴얼" 흐름도

- 원, 근 시력검사 (나안, 교정시력)
- 동공간 거리 검사
- 우위안 검사
- 가림검사 (원, 근거리)
- 폭주근점검사
- 조절근점검사
- 조절효율검사
- 색각검사
- 입체시검사
- 암슬러검사

문진 → 예비검사 → 타각적 굴절검사 → 자각적 굴절검사 → 분석 및 장용검사 → 최종 처방 및 설명

- 각막곡률검사
- 굴절이상도검사
- 크로스실린더 난시 정밀검사
- 양안균형검사
- 근용가입도 정밀검사
- 버전스기능이상처방
- 조절기능이상처방

【한국안경아카데미 제공】

우리들의 일은 비행기를 날게 하는 것이 아니라
사람들의 여행에 봉사하는 것이다.
우리의 업무 가운데 반드시 최우선적으로 고려되어야
할 것은 서비스를 좀더 향상시키는 일뿐이다.
고객을 중시하지 않는 기업치고
오래가는 기업이 없다.

-얀 칼슨-

우리는 남의 말을 잘 들어주고, 다른 사람을 생각하고,
미소를 잘 짓고, 감사합니다라는 말을 할 줄 아는
다정한 사람을 찾습니다.

-콜린 바레트/사우스웨스트 항공사 부사장-

고객을 아는 것은 바로 색맹검사를
통과하는 것과 같다.

-칼 알브레히트/컨설턴트-

Chapter.3

조제 및 가공

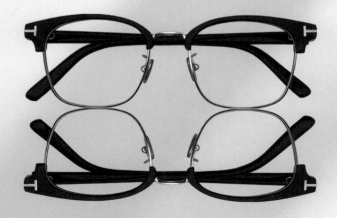

1. 안경을 잘 만드는 기술

요즘은 자동옥습기가 보편화가 되어 안경을 조제 및 가공(調(고를조), 製(지을제), 加(더할가), 工(장인공))을 하는 것을 쉽게 생각하는 것 같습니다. 경력이 얼마 되지 않은 안경사도 그렇게 생각하고, 특히 경험이 많은 안경사들도 후배들에게 "별거 없다, 쉽다"라는 내용의 조언 아닌 조언을 해주는 것이 마음이 불편합니다.

물론 자동옥습기로 인해 버튼 하나로 어느 정도 완성도 있는 안경을 만드는 것이 가능해졌고 절차도 간소화되고 제가 봐도 과정이 힘이 덜 들고 쉬워진 것은 사실 같습니다. 하지만 결코 작업시간의 단축이 정확도 있는 안경의 조제가 아니고, 고객의 눈과 시력, 안경테-안경렌즈, 안경사의 의도대로 잘 만든 안경인지는 생각해 봐야 합니다.

이러한 조제 및 가공을 할 때 안경사에게 꼭 조제 전, 조제 과정 중에 고려해야 하는 생각들이 점점 줄어들어 조제를 생각 없이 해도 되는 과정이라 생각하고, 이러한 생각이 안경에 관련된 다른 쪽 학문으로 중요성과 필요한 생각들이 전가되고(예) 검안이 더 중요하다), 오히려 전체적인 안경에 관련된 학문들이 쉽게 느껴질 것 같아 안타까운 생각이 자주 듭니다.

조제 및 가공은 전혀 쉬운 과정이 아니며 검안 과정 만큼 꼼꼼하고 체계적인 검수 및 설계과정이 필요하며 과정 중에 생각해야 할 변수들이 많아 어느 정도 높은 수준까지 도달하기 위해 끊임없이 연습하며 정진해야 되는 안경사의 중요 업무 과정이라고 생각합니다.

검안, 피팅 만큼 안경의 조제 및 가공은 고객에게 안경 처방전에 맞게 하나의 안경을 만드는 과정이기 때문에 몇 가지의 과정이 자동화가 된 것뿐이지, 여전히 안경사 손기술이 필요한 수동적인 과정이 많이 존재합니다. 다음 장에서 언급하겠지만 안경원이 자동화가 될 수 없고, 안경사가 기술인으로 인정받는 이유인 안경 피팅(Fitting), 마지막으로 안경사 고유의 손기술인 피팅이 적절하게 되어야만 선택된 안경테-안경렌즈가 의도된 설계대로 장시간 미용적, 광학적인 요소들을 만족한 "좋은 안경 맞춤"이 될 수 있는 것이다.

이 조제 및 가공의 기초적인 내용에서는 흔히 실수라기 보다 조금 더 신경쓰면 좋은 안경을 만들 수 있는 몇 가지 항목들을 안내하고자 합니다. 부디 참고하시어 안경사 선생님들이 만드시는 안경들이 1%씩 잘 만들어지기를 희망합니다.

2. 안경 조제 및 가공의 기준

많은 후배 안경사들, 저희 매장에서 근무했던 직원들도 안경 조제 및 가공에 관련되어 자주 물어보는 질문 있습니다.

"조제를 할 때 기준이 있나요?

제가 생각하기에는 안경을 조제 할 때 크게 2가지 기준으로 나누고, 이와 관련된 사항들을 직원들에게 얘기해 주고 있습니다.

처음 고객에게 선택된 안경테, 안경렌즈의 설계부터 마지막 피팅까지가 하나의 큰 조제 및 가공의 흐름으로 생각하지만, 여기에서는 순수하게 안경 조제의 측면에 대해 말해보고자 합니다.

안경 조제는 ① 광학적인 기준과 ② 미용적인 기준으로 나뉜다고 생각합니다.

① 광학적인 조제 기준	② 미용적인 조제 기준
• 안경사 입장에서 중요시 하는 기준	• 고객 입장에서 중요시 하는 기준
• 선명하고 편안하게 보는 것과 관련	• 외관(미용)적인 항목을 의미
• 도수(구면, 난시), 난시축, PD, OH, 피팅변수 등	• 렌즈 가공 사이즈, 모양, 수평, 산각, 면치기 등
• 소비자가 광학적인 기준을 알기 어렵다.	• 안경테의 모양과 크기를 읽어 조정하는 트레이싱(Tracing)을 정밀하게 잘해야 한다.
• 측정된 객관적인 데이터로 오차 없이 가공하는 연습이 필요	• 안경사의 주관적인 감각이 많이 필요하다.
• 자동옥습기가 정밀해져서 조금만 연습하면 광학적인 오차 없는 가공이 가능	• 꾸준한 연습과 경험(연차)가 쌓여야 한다.

첫 번째, ① **광학적인 기준**은 고객의 시력 관리와 안보건을 위해 안경사가 기본적으로 꼭 만족시켜야 하는 기준으로, 되도록 한 치의 오차도 없이 광학적인 항목들을 충족해야 합니다.

예전에는 이 광학적인 기준을 맞추기가 참으로 어려웠습니다. 정밀하게 가공되는 자동옥습기는 구경하기도 어려웠고, 매번 비싼 안경렌즈를 가공할 때면 "렌즈가 깨지지는 않을까?, 렌즈가 돌아서 난시축이 틀어지지는 않을까?" 노심초사하며 조제를 했습니다. 하지만 무패턴 자동옥습기와 고무압력 방식이 아닌 끈끈한 Tape형식의 안경렌즈 고정 방법이 보급화 되어 어느 정도 허용오차는 있겠지만 충분히 쉽고 빠르게 조제를 하여 고객에게 장용시켜 드릴 수 있는 현재의 조제까지 도달하게 된 것 같습니다.

안경 조제 실무를 처음 배우는 초보 안경사 분들은 먼저 첫 번째인 광학적인 기준을 연습하셔서, 본인의 오차없는 가공 기준을 세워야 합니다. 이 광학적인 기준은 상대적으로 미용적인 조제 기준 보다 시간, 연습, 경험이 덜 필요하다고 생각합니다. 따라서 이 두 가지를 같이 기준을 세우되 처음에는 광학적인 조제를 더 꼼꼼하게 연습하시기 바랍니다.

두 번째, ② 미용적인 기준은 특히 고객 분들이 꼼꼼하게 체크하시는 기준입니다. 나보다 더 예민하고, 나보다 더 경험이 많으면 나의 미용적인 기준 이상을 요구하십니다. 고객의 성향과 성격에 따라 기준의 폭이 다르겠지만 그래도 실수 없이 미용적인 기준도 만족할 수 있도록 꾸준한 연습을 해야 합니다.

미용적인 조제 기준은 외관적인 안경 조제를 의미합니다. 미용적인 조제 기준에 오차가 생긴다 하더라도 안경사가 흔히 조제의 기준으로 말하는 "렌즈가 빠지지만 않으면 된다."라는 말처럼, 고객이 보는 것(시력)에는 문제가 생기지는 않습니다.

가공된 좌우 안경렌즈 사이즈가 적절한지, 안경테의 모양과 안경렌즈 모양이 일치하는지, 모양이 어색하지 않고 찌그러짐 없이 적절한지, 안경테의 수평이 잘 맞는지, 안경테의 홈에 물리는 안경렌즈의 산각이 적절한지, 렌즈 산각 면과 전후면 경계의 면치기는 적절한지 등을 고려해줘야 합니다.

이 미용적인 조제 기준은 안경사의 주관적인 감각이 많이 필요합니다. 따라서 꾸준한 연습과 경험(연차)이 쌓여야 합니다. 대표적인 예로 안경원에서 조제 전 수평을 설정하는 것으로 자주 말하고자 합니다.

안경테의 조제는 좌우 대칭으로 가공되기 때문에, 원래 안경테의 모양에 맞게 수평이 잘 유지 되어야 합니다. 만약 안경 다리 부분이 내려가는 형상이면 사람이 울상으로 보이기 되고, 올라가는 형상이면 인상이 사납게 보이게 됩니다. 따라서 안경테의 설계 및 수평 설정은 아주 중요한 미용적인 기준이 됩니다.

안경을 조제하기 위해서는 안경테의 모양을 읽어야 합니다. 이러한 과정을 앞에서 말씀드린 대로 트레이싱(Tracing)이라고 하는데, 수평을 확인하기 위해 기본적으로 삽입되어 있는 데모렌즈(Demo lens)에 렌즈미터로 수평 인점을 찍은 후 안경테의 수평을 설정 후 모양(데모렌즈로 읽기)을 읽기 시작합니다. 또는 수평을 확인하기 위해 본인만의 조제 수평선(또는 PD자)을 이용하여 조제 전, 후로 모양이 틀어졌는지를 확인 합니다.

기준선을 사용하지 말라는 뜻이 아니고, 연습을 하고 본인만의 대략적인 기준이 만들어지기 시작했다면, 본인의 주관적인 감각으로 모양과 수평을 맞출 수 있도록 연습을 해야 하고, 연습할 때에는 가공 후에 기준선을 맞춰 본인의 오차를 확인하도록 합니다. 조제를 시작할 때 처음부터 수평선을 설정하지 못하면 시작조차 못하는 경우를 자주 봤습니다. 본인의 감각을 참고 해야 되는 참고서가 꼭 있어야만 문제를 풀 수 있다는 것을 의미합니다.

감각은 하루아침에 생기지 않습니다.

많은 안경사 선생님들이 "안경사의 감각은 키울 필요 없어. 안경은 원래 그렇습니다." 라고 생각하는 분들이 많다는 것이 안타깝습니다. 여기에서 가장 중요하게 드리고자 하는 말씀은, 감각을 키우셔야 합니다. 그래야 본인만의 정확한 기준이 생기고, 작업 속도도 빨라지게 됩니다.

다시 돌아와서, 안경 조제는 ① 광학적인 기준과 ② 미용적인 기준으로 나뉜다고 생각합니다.

둘 중에 어떤 기준이 더 중요합니까? 당연히 둘 다 중요하고, 둘 다 완성도가 높은 기준이 설정되어야 합니다.

안경사 입장에서 둘 중 하나를 어쩔 수 없이 골라야 한다면, 광학적인 가공을 골라야 하겠지만, 눈썰미 좋은 고객의 눈으로는 형편없는 안경의 조제로 비춰질 수 있습니다.

어쩔 수 없이 미용적인 조제의 한계가 있는 경우(테 불량, 트레이싱이 어려운 경우, 모양이 이상한 경우, 모양을 변경하는 경우 등)에는 상황을 설명을 하고 두 가지 기준을 다 충족해야 하지만 우선 광학적인 기준으로 접근하여 조제를 해야 합니다. 이러한 경우에는 사전에 고객의 동의를 얻어야 한다.

또한 어쩔 수 없이 광학적인 면을 어겨야 하는 경우도 있습니다. 부러진 안경테의 안경렌즈(누진렌즈, 단초점렌즈 등) 재사용을 원해서서 설계점이 바뀌는 경우입니다. 이러한 경우에도 사전에 고객의 동의를 얻어 어느 정도의 상황과 불편할 수 있는 점들을 사전에 고지해야 합니다.

3. 미용적인 조제 기준의 세부 항목

많은 조제 및 가공 책을 읽어보면 광학적으로 정확한 조제를 위한 방법이 자세히 소개되고 있습니다. 그리고 가장 초보 안경사들이 처음 조제를 경험하게 되면 어려운 부분인 조제 기기의 조작 방법 같은 경우에는 몇 가지 원칙만 알고 배우게 된다면 금방 곧잘 하는 것을 볼 수 있습니다.

하지만 미용적인 조제의 기준 같은 경우에는 표준화된 방법도 없고, 학생, 초보자들이 보는 기본 조제 서적에 이러한 노하우를 언급을 하면 오히려 혼란만 가중되기 때문에 기록을 해야 하는지 많은 고민을 하였습니다. 하지만 이 내용을 아시는 안경사 선생님도 있으실 것이고, 모르시는 분들께는 조금이나마 도움이 되고자 제가 임상을 하면서 경험하였던 "안경사가 조제를 할 때 꼭 알아야 하는 미용적인 기준"에 대해 몇 가지를 소개하고자 합니다. 흔히 발생하는 문제이고, 이 글이 이론적으로 잘못되었을 수 있지만, 그래도 참고해서 적용해 보면 미용적으로 잘 맞는 안경 조제가 되었습니다. 조금이나마 도움이 되시길 바랍니다.

1) 조제 전 안경테의 검수[트레이싱(Tracing, 안경 모양 읽기) 전에]

요즘 제조 안경테의 질은 예전과 비교하면 안되겠지만 정말 많이 좋아졌고, 특히 국산 제조 안경테의 경우에는 세계적 수준까지 도달하고 인정받아 자부심을 느낍니다. 하지만 예전에는 안경테의 질이 그리 좋지 못하였습니다. 그래서 안경테를 업체를 통해 구매할 때나, 가공하기 전에 안경테를 꼼꼼하게 검수하는 아래와 같은 과정을 진행하였습니다.

★ 안경테 검수 과정
- 좌우 렌즈 삽입부 모양이 대칭으로 동일한가?
- 사이즈(수직, 수평, 대각)가 동일한가?
- 박싱시스템으로 표시된 렌즈 삽입부, 브릿지(연결부) 사이즈가 정확히 표시되어 있는가?
- 도금, 코팅의 마감은 잘 되어 있는가?
- 안경테 림의 홈의 커브(base), 깊이, 넓이가 일정한가?
- 피팅은 용이한가? (탄성 체크)

하지만 지금은 질이 좋은 안경테의 생산 때문에 이러한 과정이 생략되어 조제 및 가공이 진행되고 있습니다. 하지만 가공 전 안경테 검수는 되도록 꼭 해야 하는 과정들이고, 이러한 과정 없이 트레이싱 후 가공된다면 모양의 변형, 좌우 다른 사이즈, 안경테의 파손, 변형 및 들뜸 등 이차적인 문제가 발생할 수 있습니다.

"렌즈만 안 빠지면 된다"는 안경사들의 흔한 생각 보다 안경테의 질은 좋겠지만 위의 과정을 체크해 보면서 본인만의 기준있는 안경테의 검수 및 트레이싱 준비를 해야 합니다.

자주 취급해던 브랜드, 동일한 안경테 가공의 경우에는 이러한 과정이 축소될 수 있겠지만, 처음 취급하는 브랜드의 안경테, 고객이 구매해 오셨거나 사용하고 계신 안경테의 경우에는 온 심혈을 다해 가공 전 꼼꼼한 점검이 필요합니다.

2) 정확한 트레이싱(안경 모양 읽기)

가공 전 피팅이 완료된 상태에서 조제 및 가공 단계로 넘어오면 모든 단계가 중요하겠지만 안경 모양(형상)을 정확하게 읽는 것이 가장 중요합니다. 과거에 수동, 반

자동 옥습기로 가공할 때는 렌즈 모양을 그대로 옮긴 형판(Pattern)을 먼저 만들고, 그 형판 모양 그대로 안경렌즈가 가공됩니다. 종이 또는 플라스틱 소재의 형판을 만들어 사용해서 선배 또는 원장님, 교수님들이 하시는 말씀이 "형판을 잘 만들어야 안경이 이쁘게 잘 나온다."라고 하셨던 기억이 납니다.

지금은 자동옥습기이므로 이러한 과정이 필요 없다고 생각하지만, 전혀 그렇지 않습니다. 안경테 모양을 읽기 위해 트레이서(Tracer)에 고정해 트레이싱(Tracing)하기까지 여러 가지 중요한 요소들이 존재합니다.

트레이서로 안경테의 모양을 읽는 방법에는 크게 2가지가 존재합니다.

① 안경테로 직접 트레이싱

• 가장 정확하고 기본적인 트레이싱 방법입니다.

무패턴 자동옥습기가 보급화 되기 전에는 종이, 플라스틱 형판(Pattern)으로 모양을 사전에 제작하여 안경렌즈를 가공하였습니다. 이때 대부분의 실수는 위아래 수직은 작고, 좌우 수평은 길게 가공이 됩니다.

모양을 읽을 때 좁은 공간에서는 원심력이 덜 발생해 속도가 느리고, 가장자리(코너)와 좌우는 상대적으로 위아래 보다 속도가 더 발생하게 됩니다. 또한 안경테는 림 커브(테 커브)가 있어 좌우가 지면에서 뜨게 되어 있습니다. 이때 유격으로 인하여 좌우가 더 길게 모양이 읽어지는 오차가 발생되게 됩니다.

최근 자동옥습기가 보급되면서 이러한 현상은 많이 줄어들었다. 하지만 아직도 좌우 수평보다 위아래 수직이 더 작게 가공되고, 특히 수직에서도 윗부분이 얇아 안경테 홈에 적절하게 물림이 되지 않고 빠지는 안경을 자주 볼 수 있습니다. 이러한 이유는 여러 가지가 있는데 뒷장의 3) 안경 조제 후 안경테 위쪽이 짧고 물리는 힘이 부족한 이유(비는 이유)?에 대해 자세히 설명드리도록 하겠습니다.

다시 돌아와서,

- 정확하게 좌우 전체 안경테의 크기와 모양을 읽는 것이 가능합니다.
- 설계된 PD대로 정확하게 조제가공이 가능합니다.
- 안경테의 전체 사이즈, 렌즈 삽입부 모양–사이즈 측정이 가능합니다.
- **특히 브릿지 사이즈가 정확하게 측정되어 설계점의 수평 오차가 현저히 줄어들게 됩니다.**
- 안경렌즈의 산각(Bevel)과 **안경테 홈의 맞물림에 중요한 요소인 안경테(림) 커브(프레임 베이스 (Frame base))가 측정 됩니다.**
- 또한 얼굴의 안면각에 대응하는 안경테의 커브 앵글(Curve angle)이 측정되어 설계된 조제가공 PD가 자동으로 측정된 커브 앵글에 재계산된 편심PD로 가공되는 장점이 있습니다.
- (※ 10도 미만의 커브 앵글의 경우 재계산되는 편심PD가 미비합니다. 10도 –〉 단안 0.25mm 보정, 16도 단안 1mm 보정)

- 단단한 안경테(메탈테, 아세테이트테 등)의 경우 쉽게 가능하나, 얇거나 탄성이 있는 안경테의 경우 트레이서에 고정시킬 때 위–아래 물림의 압력 때문에 사이즈가 수직은 작게, 수평은 길게 읽어질 수 있고, 잘못 읽어져서 모양이 이상하게 우그러지게 가공될 수 있습니다.
- 안경테의 질에 따라 모양, 좌우대칭이 다를 수 있다. 안경테에는 도금과 도색을 하게 되는데 질이 좋은 안경테의 경우에는 일정한 두께의 도금이 유지되고 좌우 모양이 완벽하게 대칭되어 자동적으로 미용적인 조제 기준을 충족시키게 된다.
- 반무테, 무테의 경우에는 이 방법으로 측정할 수 없으며, ② 번의 방법으로 트레이싱 해야 합니다. 이때 중요한 것은, 뒤에서 언급하겠지만 한쪽 데모렌즈로 트레이싱 후 정확한 브릿지(연결부) 사이즈 입력, 안경테 커브, 커브 앵글 수치를 입력하여야 정확하게 가공되고, 산각이 커브에 맞게 정확히 맞물리게 됩니다.

얼마 전 직원들에게 메탈 안경테 일반적인 림 두께와 깊이(홈 선 깊이)가 얼마나 되냐고 물어본 적이 있습니다. 경험이 많은 안경사들은 대충 알겠지만, 대부분의 안경사들은 무슨 소리를 하는지 갸우뚱거렸습니다. 보통 메탈테의 경우에는 홈 두께는 1.8mm 정도, 홈 선 깊이의 경우에는 0.8mm 정도로 생산되게 됩니다.

안경원에서는 매일 여러 개의 안경을 가공합니다. 대부분의 자동옥습기의 경우에는

① 안경테로 직접 트레이싱을 하면 홈 두께와 홈 선의 깊이가 자동으로 측정되고, 그 데이터에 맞게 안경렌즈의 산각 줄기의 두께와 깊이가 설정되게 됩니다. 대부분의 안경사들이 이에 대한 대답을 못했다는 얘기는 안타깝지만 "START 버튼을 누르는 것은 알지만, 조제 및 가공을 생각 없이 하고 있다."라는 생각이 듭니다.

다음 이어서 설명하겠지만 안경테의 림 커브와 커브게이지로 측정한 데모렌즈의 커브가 일치하지 않을 수도 있다. 이러한 경우에는 테 커브가 데모렌즈 커브보다 큰 경우 일반적인 근시 교정인 (-)렌즈에서 산각 설정이 어려우므로(전면부 베이스 커브가 평평해서)고 맞물림이 어려워, 커브가 작은 데모렌즈의 커브를 자동옥습기의 테 커브값으로 수동으로 입력하는 것도 좋은 방법이 될 수 있다.

② 데모렌즈로 트레이싱(안경 모양 읽기)

안경테에 삽입되어 있는 데모렌즈(Demo lens)로 트레이싱하는 방법입니다. 부끄러운 얘기지만, 저희 안경원의 경우 직원들이 이 방법을 많이 사용하고 있습니다. 하지만 장점만 알고 단점은 전혀 모르는 것이 안타까워 이 내용을 쓰자고 마음먹은 것도 있습니다.

장점

- ① 의 트레이싱 방법으로도 가능하지만, 한쪽의 모양만 읽어, 반대쪽은 대칭된 동일한 모양과 사이즈 이므로 외관상 보기가 좋습니다.
- 데모렌즈를 제거한 안경테의 모양이 불안정하거나, 너무 얇아 탄성이 있는 안경테의 경우 트레이싱이 가능합니다.
- 안경테를 처음 생산할 때 도면 그대로의 안경 모양으로 조제가 가능합니다.
- 반무테, 무테 안경테의 트레이싱이 가능합니다.
- 렌즈를 재가공(안경테 교체) 해야 하는 경우 트레이싱이 가능합니다.
- 상하좌우 모양과 사이즈가 정확하게 읽어, ① 안경테로 직접 트레이싱했을 때의 단점인 가로 사이즈가 길게 가공되는 현상이 없습니다(정확하게 읽기 때문에).

- 브릿지 사이즈를 직접 측정해야 하는데(PD자 또는 캘리퍼스), 안경사의 경험에 따라 오차가 있을 수 있습니다. 안경테에 표시된 연결부(브릿지) 사이즈를 그대로 입력하는 실수를 범하지 말고, 오랫동안 믿고 사용하는 브랜드의 자주 가공한 안경테의 경우라도 꼭 눈으로 측정하고 입력하는 습관을 들이는 것이 중요합니다.
- 따라서, 설계된 PD대로 가공을 하더라도 오차가 생길 수 있다.
- 가장 큰 문제점이지만 대부분 모르는 내용일 것입니다. ② 데모렌즈, ③ 형판으로 트레이싱 하는 경우 한쪽의 모양과 사이즈 읽기에만 국한되기 때문에 안경테 커브, 커브 앵글이 측정되지 않습니다. 이러한 경우는 렌즈 삽입부 홈의 커브, 넓이, 깊이에 따라 안경렌즈의 산각이 가공되어야 하는데, 이러한 정보를 입력하지 않으면 맞물림이 완벽하지 않고 특히, 테 커브보다 설정되지 않고 가공된 산각이 평평하여 산각 줄기의 뒷부분이 림의 뒷부분과 과도한 힘의 발생으로 의도치 않은 왜곡이 발생할 수 있습니다.
- 앞에서 말했듯이 대부분 안경사들은 "렌즈만 안빠지면 된다."는 생각이 우선이기 때문에 이 사항은 고려하지 않고, 예전 유리렌즈의 과도한 왜곡은 렌즈 깨짐으로 직결되지만, 플라스틱 안경렌즈의 왜곡은 깨짐이나 렌즈 빠짐과는 관련이 없어 그냥 사이즈 확인 후 고객에게 건네주는 것이 현실입니다.

3) 흔한 예 : 안경 조제 후 안경테 위쪽이 비는 이유?

안경을 가공하거나, 다른 안경원에서 가공된 안경을 보면 안경테 상부의 산각과 안경테 림의 맞물림이 헐거운 경우를 자주 볼 수 있습니다(위쪽이 비는 경우).

조제 및 가공을 처음 하였을 때 안경테의 윗 부분 공간이 왜 비는지(뜨는지)도 몰랐고, 사이즈를 조금 위로 키우면 되지만 기준을 잡기 어려웠습니다.

일을 배우고 하다 보니 "원형, 라운드 안경테처럼 윗부분에 곡선이 있는 안경테가 물림이 좋다."라는 것을 알았고, 그리고 좀 더 임상에서 일을 하다 보니 모든 방향에서 안경테의 홈과 산각이 맞물리는 힘이 동일하게 만드는 것이 중요하다는 것을 알았습니다.

안경테의 위를 키우거나, 좌우 사이즈를 줄이는 것도 좋은 방법이지만, 아래의 항목들도 확인할 줄 알아야 하고, 이론적인 배경도 정확하게 알아야 합니다.

- 안경렌즈의 산각이 림에 잘 물린건지?
- 좌우 사이즈가 크고 렌즈가 두꺼워서 산각의 물림을 지나쳐서 좌우 렌즈 크기와 두께로 누르고 있는 건 아닌지?"

앞에서 말씀드렸듯이 "렌즈가 빠지지만 않으면 된다"고 생각하여 그냥 넘어가거나, 혹은 왜 이러는지 모르는 경우를 위해 간단히 정리를 해봤습니다.

어느 정도 허용 범위가 있겠지만, 너무 헐거우면 렌즈가 쉽게 빠질 수 있고, 좌우의 물림 힘이 간하면 상부의 물리는 힘이 없기 때문에 렌즈가 휘어져 왜곡 및 시력에도 영향을 줄 수 있습니다.

잘 모르시거나 배우는 안경사 선생님의 경우에 다음과 같은 사항들을 체크하여 정확하고 모든 방향에서 동일하게 물린 안경 조제가 되도록 연습을 하도록 하시길 권합니다.

① 안경테의 형상(구조)
- 보통 좌우가 길고 위아래가 짧습니다.
- 근시 교정 용도의 (-)렌즈의 경우 광학중심에서부터 멀어질수록 두꺼워지므로, 수직 방향보다 수평 방향의 두께가 두꺼울 수 밖에 없습니다.

> - 원시의 경우 반대입니다. 광학중심에서 멀어질수록 얇아집니다. 일반적으로 높은 도수의 원시를 접하기 어렵고, 보통 도수가 높으면 최소두께를 얻을 수 있는 렌즈로 주문하여 가공하기 때문에(이 경우에는 FPD와 PD에 따라 다르지만, FPD > PD의 경우 위아래-좌우 중 귀 쪽이 제일 얇게 설계되어 물리게 됩니다.) 어느 한쪽이 과도하게 눌리거나 비는 경우를 보기 어렵습니다.

② OH(광학중심높이)
- 수직 방향의 아래보다 위가 더 얇은 이유 : 코뼈에 안경테가 고정하고 선명한 상을 위해 OH를 설정할 때, 일반적으로 안경테의 수직 이등분 기준선 보다 높게 OH가 설정되어 근시의 경우 아래보다 윗부분의 두께가 더 얇습니다.
- 우리 눈의 외안근, 단안 시야, 위가 가장 좁습니다.
- 황금 분할

③ 난시

- 직난시의 경우에는 그나마 낫다 ⋯ 좌우보다 위아래가 두꺼워서,
- 직난시-단난시의 경우에는 위아래 물림이 좋습니다.
- 하지만 근시와 난시 비율, 수직-수평 비율, OH를 고려해야 합니다.
- 도난시가 문제 ⋯ 좌우가 더 누꺼워지고, 상대적으로 위-아래가 얇아집니다(가장 클레임이 많은 경우이므로 주의해야 합니다).

④ 안경테의 모양

- 1번과 비슷한 내용이지만, 안경테의 모양이 다른 부위보다 위가 전반적으로 평평하다.
- 곡선이 있어야 안경테의 홈과 안경렌즈의 산각 물림이 좋은데, 위가 편평하면 사이즈를 위로 키운다고 해도 물림의 힘을 얻기가 쉽지 않다.

⑤ 트레이싱 문제

- 트레이서에 고정할 때 너무 힘을 주거나, 안경테나 눌러서 위아래가 짧게 읽히는 경우

⑥ 데모렌즈의 문제(데모렌즈로 트레이싱 하는 경우)

- 데모렌즈가 안경테 모양에 잘 맞는지, 림에 잘 껴있는지, 모든 방향이 균일하게 물려 있는지 확인을 해야 한다.

4) 빠르고 정확한 조제 및 가공을 위해서

지금까지 안경 조제 및 가공에서 중요한 광학적 기준, 미용적 기준에 대해 언급해봤습니다. 많은 안경사들은 이런 것들은 기본이고 다른 비교 항목인 **안경 조제의 정확성과 속도**에 대해 물어보기도 합니다.

앞에서 말씀드렸겠지만 "감각은 하루아침에 생기지 않습니다." 이 감각 또는 센

스가 개발되고 발전되면 정확성도 보다 좋아지지만, 눈에 띄는 실력향상은 조제 속도가 빨라지게 됩니다.

조제의 속도에 대해 자주 예를 드는 내용을 말씀드리겠습니다.

고등학교 1학년 수학 문제를 풀어야 합니다.

시험문제	응시 학생
고등학교 1학년 수학	고등학교 1학년 전교 1등
	고등학교 2학년 전교 1등
	고등학교 3학년 전교 1등

3명이 응시를 했는데 위처럼 고등학교 1학년 전체 1등, 고등학교 2학년 전체 1등, 고등학교 3학년 전체 1등 총 3명이 수학 문제를 풀기로 했습니다.

학생들의 성적은 표준화된 기준(점수와 시험시간)으로 평가되겠지만, 세 학생의 차이점은 무엇일까요? 점수일까요? 아니면 푸는 속도일까요?

아마도 상식상 대부분은 "성적은 비슷하게 만점을 맞을 것이고, 아마 차이 나는 것은 '문제를 푸는 속도'에 있을 것 같다."라고 생각하실 겁니다.

안경을 조제 할 때 꼼꼼하게 하는 것은 좋은 습관과 기술입니다. 하지만 연차와 경험이 쌓이다 보면 자연스럽게 꼼꼼하게(정확하게) 조제를 하면서도 시간을 훨씬 단축할 수 있습니다.

하지만 이때 2가지 유형의 안경사를 볼 수 있습니다.

안경사 유형 1)	꼼꼼하게 가공하여 정확한 안경을 만드는 안경사
안경사 유형 2)	• 꼼꼼하면서 정확하게 가공할 뿐만 아니라, • 다음 안경의 조제를 생각하여 가공을 준비하는 안경사.

수학 문제를 풀 때 성적이 중요하지, 속도는 크게 중요하지 않다고 생각하는 사람도 있습니다. 하지만 문제를 푸는 속도가 빠르면 재검토를 할 수 있는 시간이 많이 확보되므로 보다 실수를 찾아내거나, 보다 100점에 가까운 확률을 확보할 수 있습니다.

언제 손님이 방문하실지 모르는 안경원의 임상에서는 더더욱 이러한 능력이 필요하게 됩니다.

저희 안경원은 대형 안경원입니다. 감사하게도 주말에는 하루에 100건 이상의 안경을 맞추며, 주문렌즈를 제외하고는 당일 그 자리에서 70개 정도의 안경을 조제해야 합니다.

저는 안경사가 2년차, 또는 길게는 3년차 까지 정확하게 안경을 조제 하는 것을 우선으로 합니다. 정확한 안경이 조제 되지 않으면 빠르게 안경을 조제 하는 것은 의미가 없습니다. 정확성이 보장되지 않은 조제의 속도를 강요하는 것은 안경사 조제 습관을 망치는 길입니다.

30여년 임상을 하면서 이러한 이유를 곰곰이 생각해 보면 다음과 같은 이유가 있는 것 같습니다.

① 앞으로의 상황을 예측하지 않고, 생각 없이 조제를 한다.

- 고객의 안경을 조제해야 하는 대기가 얼마나 있고, 이후 준지를 어떤 것을 해야 하고, 조제가공을 하면서 다른 고객을 응대해야 하는 상황이 있을 수 있으므로 시야를 넓혀 멀티플레이어처럼 활동할 필요성이 있다.

② 연습을 하지 않는다.

- 여러 가지 안경테와 안경렌즈가 존재하는데, 상품에 관련된 지식을 공부도 하지 않고, 기존과 동일한 조제 방법대로 하면 문제가 없을 것이라 생각한다.

③ 기억을 하지 않는다.

- 기존에 가공했거나 실수했던 안경테의 조제 정보를 기억하지 않고, 같이 근무하는 안경사들에게도 공유하지 않는다.
- 홈 깊이가 깊은지, 홈선이 V, ㄷ자 인지 등 실수를 하면 다음에 실수 하지 않는 기억이 필요하다.

4. 미용적인 조제의 꿀Tip!

　　조제 및 가공을 할 때 여러 가지 확인을 하고 고민을 해야 하지만 막상 저희 안경원 직원조차 이렇게 교육 시키기에는 한계가 있습니다. 꼭 정답은 아니지만, 그리고 저희 안경원의 옥습기에 해당하는지도 모르지만 유용하게 사용하는 방법을 아래와 같이 정리해봤습니다. 경험이 적은 안경사 선생님에게 "좋은 **안경**, 잘 만든 **안경**"이 되는데 도움이 되었으면 좋겠습니다. 본인의 안경원의 옥습기에 맞게 꼭 연습하셔서 본인의 기술을 완성하시기 바랍니다.

① 안경테 모양을 읽는 트레이싱을 잘 하자.
② (근시의 경우, 일반적인 모양의 안경테의 경우) 안경렌즈의 좌우 사이즈를 S-2.00D이상에서는 1 step(0.05mm), S-4.00D 이상에서는 2 step(0.10mm) 좌우 사이즈를 줄여준다.
　• 안경테 모양에 따라 다를 수 있습니다.

- 위로 사이즈를 키우는 것 보다 좌우를 먼저 줄이는 작업을 추천합니다.
- 좌우 1단계를 줄이고, 위로 한단계를 키우는 가공을 하는 안경원도 많이 있습니다.

③ 난시도(도난시, 근시-난시 비율) 고려해주자.

- 예를 들어, 일반적인 안경테의 도난시인 경우 좌우 2단계로 사이즈를 줄이거나, 좌우 1단계를 줄이고 위로 1단계를 키우는 사이즈 변경을 할 수 있다.)

④ 위가 물림이 부족하여 겁을먹고, 절대 사이즈를 크게 하지 않고, 딱 맞는 가공이 되도록 합니다.

⑤ 가공 후 사이즈가 약간 큰 상태에서 윗부분 물리는 힘이 부족하다면, 수동옥습기로 윗부분의 좌우를 미세가공 하면 잘 맞을 수 있습니다.

중요한 것은 꼭 이렇게 똑같이 따라 하라는 것이 아니고, 본인 안경원의 자동옥습기에 맞게 연습하셔서 최상의 가공, 1%씩 더 나아지는 잘 만들어진 안경, 안경사가 되도록 연습하셨으면 좋겠습니다.

5. 자동옥습기 가공 중에 꼭 체크 해야 하는 항목

1) 각종 나사의 조임새를 확인하고 나사가 풀리지 않도록 하기
2) 다리 팁(temple tip)이 유격이 있는지 체크해서 빠지지 않도록 하기

자동옥습기로 안경렌즈를 가공하는 시간에 반드시 가공 중인 안경테의 위 두 가지 사항을 체크 해야 합니다. 고객은 작은 것에 만족합니다. 작은 나사가 빠지고, 안경테 다리 팁이 유격이 있거나 빠진다면 아무리 검안, 가격, 서비스 등을 잘해준다 해도 작은 위 항목 때문에 불만족이 생기는 경우가 많이 있습니다. 꼭 시간을 아껴 위와 같이 조제가공 습관을 들이기를 바랍니다.

부록 : 테 커브(=프레임 베이스)와 커브 앵글의 설명

① 5.25 ② 6.4 ③ 1.8

① 프레임 베이스(the frame base) = 테(림) 커브
② 커브 앵글(the curve angle) = 얼굴의 안면각에 대응되는 안경테의 각
③ 프레임 두께(the frame thickness)

프레임 베이스(the frame base) = 림 커브	커브 앵글(the curve angle) = 안면각
• (가상)원을 트레이싱 할 때 최대 수치를 나타내는 반지름(radius)에 해당하는 변수 • 이것은 렌즈 베이스(산각)와 안경테의 더 나은 맞물림(대응)을 가능하게 해줌 • 프레임 베이스는 디옵터로 표시	• 각각의 안경테 림의 면과 수평면 사이의 각도 • 이것은 렌즈 커브를 교정하기 위해 편심 계산에 필요(커브 앵글이 커지면 조제 PD가 작아져 자동 편심이 필요하다. 10도 ⋯ 단안0.25mm, 16도 단안 1mm) • 커브 각도는 도(°)로 표시

※ 프레임 베이스가 커지면, 일부러 펴지 않는 이상 안면각은 자연스럽게 증가한다.
※ 프레임 베이스가 평평하면서, 커브 앵글이 있을 수도 있다.
※ 커브 앵글은 뒤로 젖혀진 (−)각도일 수도 있다.

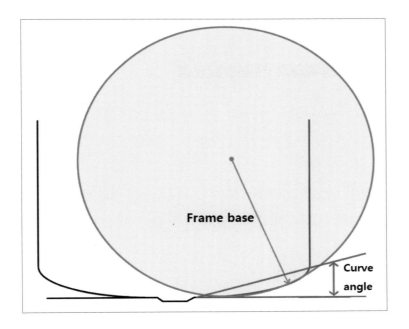

6. 수동옥습기를 이용한 면다듬기(Chamfering)

👓 ● 수동옥습기 연습의 필요성

현재는 (무패턴)자동옥습기가 보급화 되어 형판을 만들어 렌즈를 가공하는 경우를 보기 어렵고, 더군다나 형판 없이 수동옥습기로 가공하여 렌즈를 넣는 경우에는 볼 수 조차 없게 되었습니다.

예전에는 종일 수동옥습기에서 연습하던 안경사들을 쉽게 볼 수 있었지만, 지금은 편리한 조제가공 기기의 보급으로 인해 안경사가 기술을 연마한다는 용어가 낯설어진 것 같습니다.

만약 안경테 파손으로 인한 재가공, 자동 옥습기로 가공하기 애매한 크기의 사용했던 안경렌즈, 자동 옥습기의 고장 등의 경우에는 당연히 AS를 받기전에는 접수만 받고, 완성된 후에 연락을 드린다고 해도 되지만, 수동옥습기를 잘 사용하는 안경사의 경우는 그 다음번에 재방문 하지 않고 시간은 조금 더 걸리겠지만 충분히 당일 가공이 되도록 조제를 할 수 있을 것입니다.

수동옥습기를 사용할줄 모르는 안경사의 경우에는 조제를 할 수 없기 때문에 오히려 고민하지 않을 것입니다. 현장과 현실에 맞는 자기 기술개발은 필요하겠지만 본인의 업인 안경에 관련된 사항이라면 어떤 경우가 발생할지 모르기 때문에 항상 공부와 연습은 꼭 필요합니다.

지금은 수동옥습기가 단순히 전후면의 날카로운 면만 다듬는 도구로 사용될 것이고, 조금 더 사용하는 안경사는 V홈을 이용해서 산각을 유지한 채 사이즈를 조금 줄일 것이며, 조금 더 활용할 줄 아는 안경사는 V홈, 고운 휠(Fine wheel), 거친 휠(Rough wheel) 모두를 사용할 수 있으며, 수동 + 자동옥습기로 안경테에 꼭 맞는 전피팅을 되도록 유지하면서 최상의 광학적 성능을 발휘할 수 있는 조제가공을 할 수 있을 것입니다.

초보 안경사의 경우에는 "비싼 자동 옥습기가 있는데 왜 수동옥습기를 써서 렌즈를 갈아야 해?"라는 생각보다 왜 수동옥습기의 활용이 중요한지를 인식하고, 검안과 상품에 관련된 공부도 중요하겠지만 시간 날 때마다 수동옥습기를 이용한 안경의 가공을 꾸준히 연습하시면 좋은 결과를 얻으실 수 있으실 겁니다.

👓 ● 수동옥습기를 이용한 면다듬기

면다듬기란?

렌즈 산각(Bevel) 줄기 끝 선과 렌즈 전-후면이 만나는 모서리를 가볍게 갈아주어, **외부 충격으로부터 보호하고, 가장자리 미세파손을 막으며 외관을 좋게 하기 위한 과정입니다.**

자동옥습기로도 면다듬기가 가능하지만 숙련된 안경사가 수동옥습기로 할 때보다 시간이 오래 걸려 대부분 수동옥습기로 가공하고 있습니다.

이때 가장 중요한 포인트는 면다듬기 할 때의 힘과 두께가 **렌즈 모든 방향에서 일정해야** 합니다. 하지만 모양이 있고 각이 있는 안경테 형상의 경우에는 직선 부분과 곡선 부분에서 힘을 조절하기가 여간 어려운 것이 아닙니다.

방법은 날카로운 모서리를 수동옥습기의 가운데 고운 휠에 수직 또는 대각선으로 위치하고, 가볍게 1~2회 정도 회전시켜 면을 다듬어 줍니다. 이때 **상하좌우 구석**

부분에서는 힘을 빼면서 렌즈를 세워서 가공해주고, 직선 부분에서는 보다 힘을 주어 가공해줘야 동일한 면다듬기가 됩니다.

또한 1~2회 정도 회전시켜 면을 다듬어 줄 때, 되도록 한 번에 길게 회전시켜주는 것이 일정한 면다듬기에 도움이 됩니다. 간혹 연속해서 끊지 않고 1~2회 회전을 못 시키면 실력이 없다고 판단할 수 있지만, 전혀 그렇지 않고 반바퀴씩 끊으며 회전하더라도 모든 방향에서 동일한 면다듬기가 가능한지가 더 중요한 포인트라고 할 수 있습니다.

일반적인 안경렌즈는 전면이 볼록하고 후면이 오목한 메니스커스 안경렌즈 형상으로 인해, 전면의 경우에는 둔각, 후면의 경우에는 예각의 면을 관찰할 수 있습니다.

간혹 전면의 경우에는 둔각이므로 외관상 면다듬기가 필요없고, 면을 다듬으면 줄기가 보여 외관이 보기 않좋다고 하는 경우가 있습니다. 안경렌즈가 얇아 안경테의 림에 가려지는 경우에는 상관이 없지만, 안경렌즈가 밖으로 돌출되는 경우에는 전면도 후면의 면다듬기 힘의 절반 정도를 사용하여 다듬어 주는 것이 좋습니다.

- 수동옥습기를 시간 날 때마다 꾸준히 연습합시다.
- 안경렌즈 전면도 꼭 면다듬기를 해야합니다.(후면 면다듬기 힘의 절반 사용)

7. 자동옥습기를 이용한 조제 및 가공(에실로 옥습기)

● 에실로 NEKSIA 시리즈

　자동옥습기의 경우에는 브랜드에 따라 다르겠지만, 안경테의 모양을 읽어주는 트레이서와 렌즈를 가공하는 옥습기로 크게 분류됩니다. 한 대에 일체형 모델도 있고(NIDEK 등), 트레이서와 옥습기가 따로 분리되어 있는 모델도 있습니다(Essilor 등). 하지만 옥습기가 다르다고 하여도 조제가공의 기능과 흐름은 대부분 동일하니 숙련된 실무자에게 사용 방법을 배우고, 이어서 많은 연습을 통해 다양한 안경테의 종류 및 안경렌즈에 따라 오차없는 가공을 할 수 있어야 합니다. 그 후에는 사용설명서를

참고하여 몰랐던 기능과, 부가기능도 확인하여 조제 및 가공의 응용까지 가능하도록 노력하셔야 합니다.

● 자동옥습기를 이용한 조제가공 순서

① 트레이서로 안경테 모양 읽기(안경테로 읽기, 데모렌즈로 읽기)

② 인점을 찍은 안경렌즈에 트레이서에서 설계한 설계점 일치시키기

③ 테이프(Blocking Pads)를 붙인 부착판(posiblock, 뽕)을 안경렌즈에 부착(블라킹)

④ 트레이서 정보 옥습기로 전송

⑤ 옥습기에 렌즈 가공 관련 정보 입력(렌즈종류, 산각, 드릴링, 면치기, 광내기 등)

⑥ 렌즈 가공

⑦ 렌즈끼우기

⑧ 확인 및 수정

왼쪽 : 트레이서(Tracer)

Tracing은 투사(지도, 그림 등을 투명한 종이 밑에 받쳐 놓고 베끼는 것)를 의미하는 뜻으로, 옥습기에서 트레이서로 불리지만 정확한 명칭은 Tracer-Centerer-Blcoker이다. 따라서 아래와 같이 3가지 역할을 담당한다.

① 안경테의 모양과 형상을 정밀하게 읽기(Tracer)

② 가공을 위한 설계(Centerer)

③ 옥습기 가공 준비를 위한 뽕의(Knurled knob) 부착(Blcoker)

오른쪽 : 옥습기(Edger)

안경테, 안경렌즈의 종류에 따라 다양한 가공 방법으로 정밀하게 산각을 설정하여 렌즈를 가공하는 장비

1) 트레이서 사용방법

(1) 트레이서 화면(Menu screen) 설명 및 버튼 용도

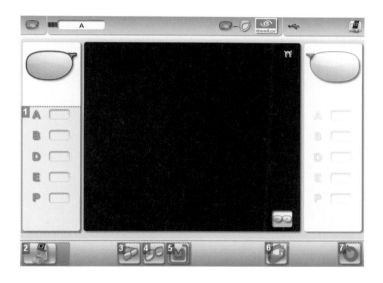

1. 안경테 수치 정보(Dimensions display)

○ **A** : 테의 가로값

○ **B** : 테의 세로값

○ **D** : 브릿지 값

○ **E** : 테 중심에서의 값

○ **P** : 전체크기의 값

2. 기능버튼(Function buttons)

: 끄기

: 트레이싱(안경테 모양 읽기)

: 센터링(설계)

: 모양 관리(저장, 불러오기)

3. 트레이싱 모드(Tracing mode)

: 온테(하이-커브 안경테 포함)

: 하이-커브 안경테

: 옵티컬 트레이싱(데모렌즈 또는 재가공 렌즈)

4. 트레이싱 형태(Type of tracing)

: 대칭 양안 트레이싱

: 비대칭 양안 트레이싱

: 우안 단안 트레이싱

: 좌안 단안 트레이싱

5. 안경테 재질 또는 옵티칼 트레이싱 타입 선택

: 메탈 안경테

: 플라스틱 안경테

: 옵틸 안경테(특히 신축성 있는 안경테)

6. 안경테 모양 저장

7. 실행

(2) **트레이싱이 끝난 후 화면**(양안 뷰)

- 일반적으로 트레이싱이 끝나면 단안뷰가 기본으로 보임

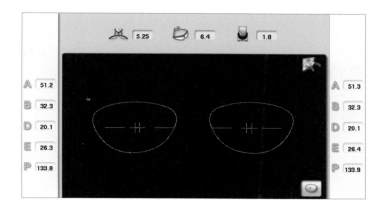

- 위 트레이서 양안뷰 화면은 트레이싱이 끝나면 안경테의 모양과 센터링을 체크
  하기 위해 1:1 스케일(동일 사이즈) 양안으로 표시할 수 있다. 하지만 트레이싱이
  끝나면 단안뷰가 기본으로 표시된다. **트레이싱 양안, 단안뷰 1:1 스케일이지만,
  센터링 화면은 1:1.6 스케일이므로 주의하자.**
  위의 화면처럼 양안뷰를 보는 상태에서 단안뷰를 보기 위해서는 우측 하단의
  (단안뷰)를 누르고, 양안뷰를 보기 위해서는 (양안뷰)를 누르면 된다.

- 안경테의 3가지 중요정보는 위에 표시된다.

    : 안경테 커브(the frame base)

    : 커브 각도(the curve angle)

    : 안경테 두께(the frame thickness)

- 트레이싱-센터링 모드

  기본적인 모드 설정은 트레이싱 이후에 센터링 모드로 진행된다. 센터링 화면은
  트레이싱이 끝나고 나타난다. **가장 중요한 화면이면서 기본적인 화면이니 접속 방**

법을 꼭 숙지해야 한다.

- 트레이싱 화면 접속(📱)을 누른 후 (⬜)을 누른다.
- 센터링 화면 접속(📱)을 누른 후 (⬭)을 누른다.

👓 2) 트레이싱(안경테 모양과 형상 정밀하게 읽기)

(1) 일반 안경테 트레이싱(메탈테, 플라스틱테)

순서	실행 방법
안경테 고정	안경테가 고정되도록 트레이서의 고정 턱(jaw)을 부드럽게 닫는다.
모드 선택	📱을 누른 후 트레이싱 모드 🔴를 누른다.
트레이싱 모드	온테의 종류를 선택하기 위해 ▶을 누른다.
트레이싱 형태 선택	대칭 양안 트레이싱을 위해 ◗◖을 누른다. (안경테가 튼튼하고 좌우 모양이 거의 동일한 기본적인 경우)
안경테 재질 선택	• 메탈 안경테 재질이므로 Ⓜ를 누른다. • 플라스틱 재질의 경우 Ⓜ를 누른다.
트레이싱 실행	트레이싱을 시작하기 위해 ⬤을 누른다.
정지	언제든지 트레이싱을 멈추려면 ⬛을 누른다.

(2) 데모 렌즈, 가공된 렌즈, 형판을 이용한 트레이싱

이 렌즈들을 이용한 트레이싱은 두 가지 방법으로 가능하다.

- ⓐ 기계적인 트레이싱(가장 기본적인 트레이싱 방법)
- ⓑ 옵티컬 트레이싱(사진을 찍는 트레이싱 방법)

ⓐ 기계적인 트레이싱(가장 기본적인 트레이싱 방법)

순서	실행 방법
형판 홀더 1. 앞쪽(상단 고정) 탭 2. 뽕(Knurled knob) 고정 볼트 3. 코 오른쪽 각인 4. 뒤쪽(하단 고정) 탭	
5. 뽕 클램프 6. 18 × 14mm 뽕 7. 형판 홀더 8. 홀딩 스크류	
형판 홀더에 렌즈 부착	수평이 맞는지 확인하고, 렌즈 중심을 부착 시킨다.
형판 홀더를 트레이싱에 고정	 형판 홀더의 상단 탭을 고정하고, 이어서 트레이싱 테이블의 턱을 조절하여 하단 탭을 고정한다.
모드 선택	을 누른 후 트레이싱 모드 를 누른다.
트레이싱 모드	기계적인 트레이싱을 선택하기 위해 기본 설정으로 진행한다.
트레이싱 형태 선택	오른쪽 렌즈의 경우 를 누른다.

브릿지 사이즈 입력	숫자 키패드 화면을 이용하여 브릿지 값을 입력하고 확인✔을 누른다.
결과 화면	결과는 센터링 화면에서 1:1.6 스케일 단안으로 나타난다.

※ 일반적으로 데모렌즈를 사용하고 만약 데모렌즈, 재가공렌즈가 없는 경우 형판(Pattern)을 이용한다.
이때 형판 홀더나 스크류를 사용하면 움직임이 없이 정확하지만,
일반적으로 부착판에 테이프(Blocking Pads)로 부착하여 트레이싱을 진행한다.

ⓑ 옵티컬 트레이싱(일반적으로 무테의 가공을 할 때 사용)

순서	실행 방법
렌즈 준비 (데모, 재가공)	렌즈를 깨끗하게 닦고, 트레이서가 정확히 렌즈의 수평을 찾을 수 있도록 렌즈미터의 인점 또는 수평선을 그려야 한다.
렌즈 놓기	(삼발이를 제거하고) 렌즈를 선테링 챔버 가운데에 놓는다.
모드 선택	을 누른 후 트레이싱 모드 를 누른다.
트레이싱 모드	옵티컬 트레이싱을 선택하기 위해 을 누른 후 를 누른다.
트레이싱 형태 선택	트레이싱을 하는 첫 번째 눈 방향을 선택하기 위해 을 누른다. (렌즈(데모렌즈, 재가공렌즈)가 오른쪽인 경우)
렌즈 종류의 선택	렌즈가 데모렌즈, 재가공 렌즈의 경우 을 누른다. 형판의 경우에는 를 누른다.

트레이싱 실행	트레이싱을 시작하기 위해 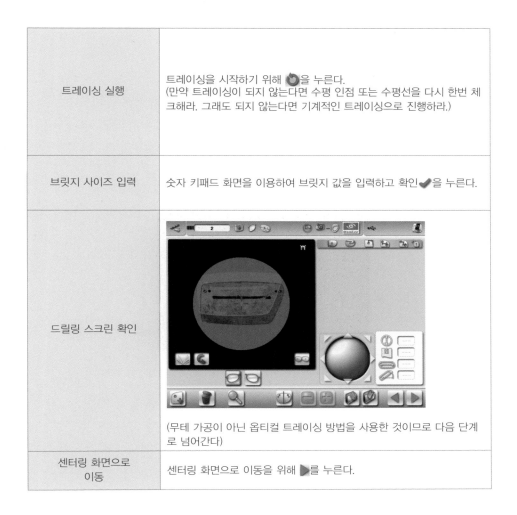을 누른다. (만약 트레이싱이 되지 않는다면 수평 인점 또는 수평선을 다시 한번 체크해라. 그래도 되지 않는다면 기계적인 트레이싱으로 진행하라.)
브릿지 사이즈 입력	숫자 키패드 화면을 이용하여 브릿지 값을 입력하고 확인✔을 누른다.
드릴링 스크린 확인	(무테 가공이 아닌 옵티컬 트레이싱 방법을 사용한 것이므로 다음 단계로 넘어간다)
센터링 화면으로 이동	센터링 화면으로 이동을 위해 ▶를 누른다.

● 단안 트레이싱 후에 안경테 커브각도와 안경테 커브 측정하기

단안 트레이싱 후 안경테 커브 각도(안면각)와 안경테 커브는 측정되지 않는다. 일반적인 안경테의 경우에는 기계적 트레이싱으로 충분하지만, 최적의 센터링 정밀성을 위해 사용자가 데모렌즈, 재가공렌즈, 형판 트레이싱 후에 이러한 커브값을 이어서 입력하기를 추천한다.

● 기계적인 트레이싱 이후에 다음 과정을 추가로 입력한다.

순서	실행 방법
커브 입력 모드	안경테 커브 각도(안면각), 안경테 커브 입력을 위해 🥄를 누른다.
커브 각도(안면각), 안경테 커브 설정 준비	 화면에 안경테를 위치시켜준다. 프레임 중앙에 수직선(파란색) 고정. 브릿지를 바닥 수평선에 위치
안경테 커브 각도 (안면각)	안경테 커브 각도(안면각) 맞춤을 위해 🥄를 누르고, △ ▽로 조정한다.
안경테 커브 입력	안경테 커브 맞춤을 위해 🗙를 누르고, △ ▽로 조정한다.
트레이싱의 학인	확인하기 위해 ✔을 누른다.

3) 센터링

• 광학중심점이 인점된 안경렌즈에 설계점(설정된 PD, OH)을 일치하여 렌즈를 테이프가 부착된 부착판에 고정시키는 과정

(1) **메뉴화면**

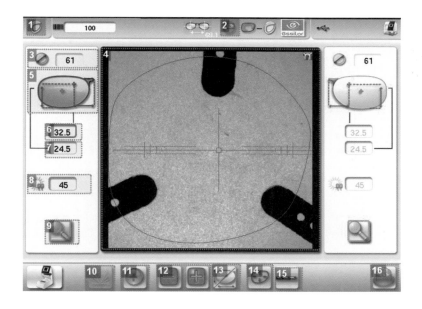

1. 센터링 화면 표시(Centering screen indicator)

2. 블락킹 모드(설정으로 변경 가능)

　⊠ : 박싱 센터에 블락킹

　⊙ : 광학 중심에 블락킹

3. 사용되는 렌즈의 최소 직경

4. 작업 화면

　ᴎ : 코쪽 표시

　▨(녹색) 또는 ▨(하늘색) : 렌즈 모양

　▨(오렌지) : 렌즈 종류에 따른 센터링 타켓(설계 수평 수직선)

　▨(파랑) : 모양의 박싱 센터

예)

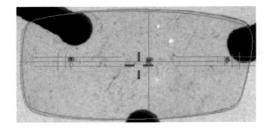

5. 활성중인(설계되고 있는 쪽의) 렌즈의 PD와 OH 표시

6. 단안 PD

7. 단안 OH

8. 밝기 조정

9. 줌/스케일 1:1

10. 커브 각도와 프레임 커브 입력

11. 렌즈 종류 선택

　⊕ : 단초점렌즈(일반적으로 단초점렌즈 모드로 센터링을 한다)

　　: 누진렌즈

　　: 이중초점렌즈

　　: EX렌즈

　　: 중근거리 렌즈

12. 값 수정(늘리기, 줄이기)

13. PD와 OH 변환

14. 모양 변경

15. 드릴링 준비(옵션)

16. 블라킹

(2) 삼바리 이용하기

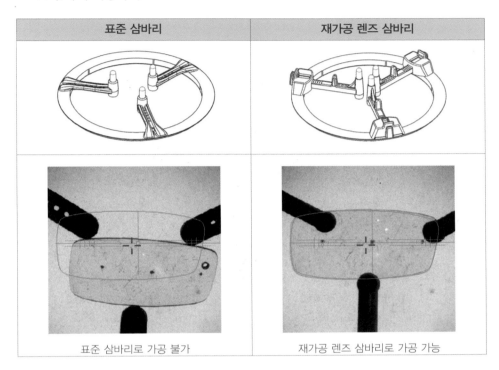

표준 삼바리	재가공 렌즈 삼바리
표준 삼바리로 가공 불가	재가공 렌즈 삼바리로 가공 가능

(3) 단안렌즈 센터링 하기

센터링 하기 전에는 다음 과정을 미리 준비해야 한다.

- 안경렌즈에 인점하기(3개의 인점이 직선으로 표시되어야 한다)
- 초발수코팅된 렌즈의 경우에는 제조사가 추천한 스티커 붙이기
- 트레이싱한 모양의 변경(사이즈 변경은 옥습기에서 한다)
- 센터링 타겟 설명

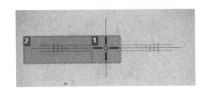

❶ 렌즈의 옵티컬 센서(오렌지색 십자가)와 안경테 모양의 박싱 센터(파란색 십자가)

❷ 센터링 마크

• 단초점렌즈 센터링 하기

① 단초점 렌즈 타입(마킹)을 선택하기 위해 ⊕을 누른다.

② 센터링 타겟이 다음과 같이 나타난다.

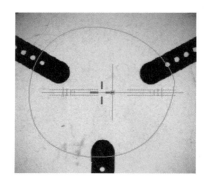

③ 단안 PD와 OH를 설정하면 타겟이 움직인다.

④ 삼바리가 센터링 모양 안에 들어와 있는지 확인한다.

⑤ 삼바리 위에 렌즈를 올려 놓는다.

⑥ 정렬시켜 3인점(미세 각인)이 감지되면, 노락색 지시계(표시)가 나타난다.

⑦ 지시계가 되도록 노란색에서 ⊞ 녹색으로 ⊞ 바뀌면 블락킹 할 준비가 되었다.

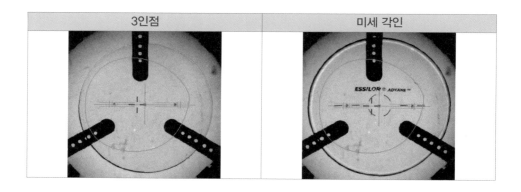

3인점	미세 각인

⑧ 블락킹 버튼을 누른다.

• 누진렌즈 센터링 하기

  ① 누진렌즈 타입(마킹)을 선택하기 위해 ⊙⊙을 누른다. (나머지 과정은 동일)

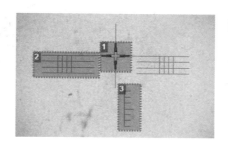

• 누진렌즈 센터링 타겟 설명

1. 센터링 십지가(오렌지색 십자가)와 안경테 모양의 박싱 센터(파란색 십자가)

2, 눈금 마크(2mm 간격으로 떨어져 있다)

3. 근용부 마크

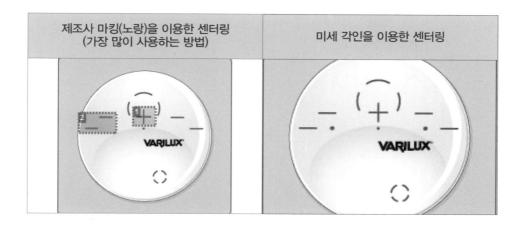

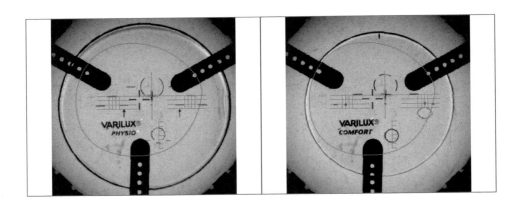

⑶ 렌즈 블락킹하기

• 블락킹 준비

두 개의 액세사리가 블락킹 작업에 이용가능하다.

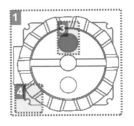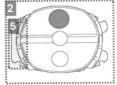

1. 22mm 부착판(뽕)

2, 18mm 부착판(뽕)

3. 자석

4. 핀

5. 탭

부착판(뽕)과 해당하는 부착판 테이프는 옥습기와 함께 공급된다.

에실로 테이프나 DAC Vision 테이프를 항상 사용하시오.

• 부착판 테이프는 재사용해서는 안됩니다.

- 접착력이 떨어질 수 있으니 부착판에 미리 테이프를 부착하지 마시오.
- 부착판은 렌즈 뒷면(안쪽)에 붙여서는 안된다.

- **렌즈 블라킹**

  - 렌즈는 센터링되어져 있어야 한다.
  - 오른쪽 아래에 표시되는 모양에 맞는 부착판을 준비하시오. 또는
  - 블라킹 헤드에 부착판을 위치시키시오.

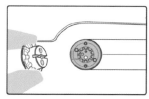 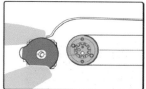

  - 표시에 따라서 블라킹을 시작하기 위해 ⬤ 또는 ⬤ 을 누르시오.
  - 초발수코팅 렌즈에 대해서는 손가락으로 뽕을 눌러서 뽕이 렌즈에 적절히 붙도록 하시오.

👓 2) 옥습기 사용방법

(1) 옥습기 사용 순서

ⓐ 옥습기 켜기

- 옥습기를 켜기 위해 기계의 위쪽에 있는 메인 스위치를 누르시오.
- 옥습기가 초기화를 시작한다.
- 옥습기 화면에서 초기화 단계를 마치려면 ▶을 누르시오.

ⓑ 옥습기 끄기

- 💾를 선택한 후, ⏻을 선택합니다.
- 확인 메시지가 각 화면에 나타난다.
- 확인하기 위해 ✔을 선택하시오.
- 옥습기가 종료할 것이다.

ⓒ 가공화면

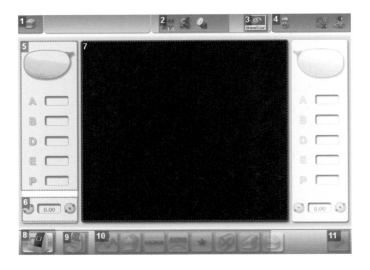

1. 작업 화면 지시계
2. 툴마모 지시계
3. 셋팅 메뉴
4. 연결된 기기들
5. 가공할 싸이즈에 대한 정보
6. 사이즈 증가 / 감소
7. 가공할 모양 표시 화면
8. 기계 전원

9. 트레이서에서 읽은 데이터 불러오기

10. 현재 화면에서 이용 가능한 작동

11. 가공 사이클을 시작

(2) 옥습기 메뉴 설명

1. 사이즈 감소 / 증가 (mm)

2. 트레이서로부터 작업 불러 오기 버튼

3. 렌즈 재질 (각종 설정은 렌즈 재질의 종류에 좌우되므로 부정확한 선택은 렌즈에 손상을 가져올 수 있습니다.)

: 플라스틱 렌즈 - 굴절율1.5

: 폴리카보네이트 렌즈

: 중굴절 또는 고굴절률 플라스틱 렌즈 - 굴절율 1.5 이상

: 트라이벡스

: 유리 렌즈

: 트라이브리드 렌즈

4. 산각의 종류(Type of finish)

: 기본 산각

: 하이커브(High-base bevel)

: 역산각

: 평산각

5. 드릴링

: 드릴링 사용 가능   : 드릴링 사용 불가능

6. 가공 모드

- **AUTO** 자동 모드 : 테를 트레이싱하고 렌즈 두께를 읽을 때 얻은 정보에 따라 자동으로 계산됩니다.
- 사용자 지정 모드 : 사용자가 지정 할 수 있다.

7. 가공 형태

- 표준 가공
- 안전 가공 : 모든 종류의 재질에 대해서. 테를 트레이싱하고 렌즈의 두께를 읽을 때 얻은 정보에 따라서 자동으로 계산된다. 얇은렌즈나 초발수, 커브, 누진 렌즈에 적합.

8. 광택

: 광택 렌즈   : 광택 렌즈

9. 앞면 면치기

: 얇은 면치기   : 두꺼운 면치기
: 면치기 안됨

10. 뒷면 면치기

: 얇은 면치기   : 두꺼운 면치기
: 면치기 안됨

11. 수동 렌즈 클램핑

렌즈 클램프 샤프트를 수동으로 닫기 위해서는 버튼을 완전히 닫힐 때까지 눌러야 합니다.

12. 가공 사이클을 시작(도어 닫힘과 렌즈 물림은 자동)

항상 왼쪽에서 오른쪽으로 읽으며, 선택에 따라서 어떤 메뉴는 이용 가능하고 다른 것은 불가능할 수 있습니다.

⑶ **모양 불러오기**

• 트레이서에서 읽은 모양을 전송하기 위해 █을 클릭

⑷ **렌즈 셋업과 필링**(Feeling, 렌즈의 정보를 읽는 과정 / 커브, 두께 등)

※ 전제 조건 : 렌즈를 옥습기 안에 넣기 전에 렌즈가 센터링이 되고 블록킹 되어 있어야함

• 사용하고자 하는 홀더가 부착판과 동일한 사이즈인지 체크

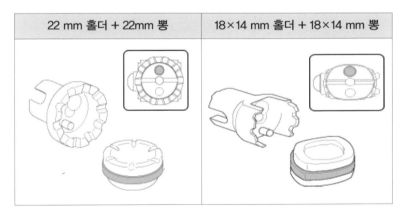

| 22 mm 홀더 + 22mm 뽕 | 18×14 mm 홀더 + 18×14 mm 뽕 |

• 척에 렌즈를 끼우세요. 부착판의 금속 부분(자석)을 위로 하고 구멍은 아래로 향하게 끼워야 합니다.

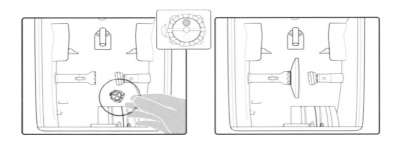

- 렌즈를 척에 물리기 위해 🖐 누름
- ▶ 클릭
- 도어가 닫히고 렌즈 두께 측정을 시작
- 홀더의 사이즈가 체크되고 필링 사이클이 시작 > 언제라도 중단하려면 ⬛을 클릭
- 렌즈가 필링되어 모양이 화면에 나타납니다.
- 자동 모드 : 아무것도 설정하지 않고, 모든 데이터는 트레이서로부터 자동으로 받습니다. 렌즈 가공은 필링 사이클 후에 자동으로 시작합니다.
- 사용자 지정 모드 : 사용자 원하는 대로 설정할 수 있습니다.

👓 3) 산각

- 🅰🅤🅣🅞자동 모드 : 아무것도 설정하지 않습니다. 모든 데이터는 트레이서로부터 자동으로 받습니다. 렌즈 가공은 필링사이클 후에 자동으로 시작합니다.
- 🖐사용자 지정 모드 : 전면기준/후면기준 산각, 퍼센트 산각, 렌즈 커브 지정 또는 테 중심모드 등을 선택할 수 있습니다.

● 자동 산각 순서 (일반 온테)

- 트레이서에 있는 원하는 모양을 불러 오기 ⋯ 모양이 옥습기 작업 화면에 나타

남

일반 온테를 트레이싱 한 후에 :

- 산각 위치는 기본으로 선택

- 자동 모드가 기본으로 선택

- 렌즈 재질을 선택

- 사이클 타입(산각 종류)을 선택

- 렌즈 광택, 면치기 선택

- ▶ 클릭

  ▷ 도어가 닫히고 렌즈가 물린 다음에 렌즈 두께 읽는 작업을 시작

  ▷ 가공 사이클이 시작

  ▷ 가공 사이클이 완료되면 리터치 화면이 나타난다.

- 렌즈를 풀기 위해 🗜 클릭

- 필요에 따라 렌즈를 리터치

- 오른쪽이 잘 가공이 되었다면, 두 번째 렌즈를 가공

- 작업 화면의 왼쪽이나 오른쪽에서 화면상에서 렌즈를 직접 선택

- 두 번째 렌즈에 대한 가공화면이 나타남, 선택한 모든 옵션(재질, 산각종류, 광택, 면치기 등)과 수정(사이즈 리터지)내용은 저장

● **반무테 안경의 순서**

나머지 과정은 동일하고 산각의 종류와 설정이 다름

- 🖱위치값 : 선택한 사용자 지정 반무테 타입에 따라서

- 🖱반무테 홈 깊이(mm)

- 🖱반무테 홈 넓이(mm)

반무테	프레임	렌즈	장점
전면기준 반무테 가공	표준 반무테홈	렌즈 커브가 프레임 커브와 거의 일치하는 렌즈	매끄럽고 보기 좋게 작업을 할 수 있게 함. 렌즈 재질이 프레임의 앞쪽 너머로 튀어나오 지 않음
후면 기준 반무테 가공	표준 반무테홈	후면 커브가 전면 커브만큼 높지 않는 렌즈	나일론 실이 밖으로 나오는 위험을 최소화 한다
퍼센트 반무테	표준 반무테홈	얇은 렌즈	얇은 렌즈가 사용될 때 반무테홈을을 균형 있게 할 수 있음
렌즈 커브지정 반무테	편평한 커브 하이 커브	렌즈 커브가 프레임 커브와 거의 같은 .. 얇은 렌즈	렌즈에 커브를 지정해서 정확한 커브로 홈을 팔 수 있다

8. 안경 조제 및 가공 예제

1) 기본 메탈 안경테의 조제가공

조제가공 핵심 키워드	
트레이싱(모양 읽기)	림이 튼튼하면 안경테를 이용한 트레이싱
모양 변경	기본 설정
전체사이즈 변경	+0.10
산각 설정	기본 산각 설정
주의 사항	사이즈가 클 때 나사를 힘으로 조이지 말 것

한국안경아카데미

• 메탈 안경테의 경우 플라스틱 안경테에 비해 홈의 깊이가 얕고 탄성 또는 늘어남이 없어 정확한 렌즈사이즈의 가공이 필요합니다. 일반적으로 플라스틱 안경테에 비해 작게 가공되어야 합니다. 정확한 사이즈로 가공이 되어야 렌즈가 돌지 않으면서 정확한 조제가 되겠지만, 만약 사이즈가 1~2 STEP 살짝 큰데 이것을 힘으로 나사를 조이게 되면 안경테의 모양, 형상, 변수, 피팅이 모두 틀어지게 되어 조심해야 합니다(안경렌즈 사이즈가 큰데 나사를 힘으로 조이게 되면 일반적으로 경

사각이 커지게 됩니다).

- 또한 조제 및 가공시 주의점은 일부 안경테의 경우 안경테의 도금 부위가 일반적인 접촉에 의해 쉽게 벗겨지는 현상이 있어 조제 할 때 특히, 끼워 넣기 할 때 조심해야 합니다.
- 앞에서 얘기한 대로 적당한 두께의 메탈 안경테는 안경테로 직접 트레이싱(모양 읽기)을 진행하지만, 얇은(가는) 메탈 안경테의 경우 데모렌즈로 트레이싱을 진행해야 합니다.
- 메탈 안경테를 트레이서 중앙에 잘 고정합니다. 고정할 때 위아래 압력이 가해지면 모양이 위아래는 작아지고 좌우가 넓어지므로 조심해야 합니다.
- 트레이싱 설정은 일반적으로 좌우 모양을 동일하게 읽어주는 대칭 양안 트레이싱과 메탈테를 선택하여 진행해줍니다.
- 특별한 모양 변경 없이 조제가공 설계대로 PD, OH를 설정하여 안경렌즈에 부착판(뽕)을 붙여 센터링 과정을 마칩니다.
- 자동옥습기로 넘어와 트레이싱 정보를 불러오고, 자동모드(수동모드), 표준가공(안전가공)을 계획에 따라 설정해주고 안경원 옥습기 설정에 따라 메탈 안경테의 전체 사이즈를 변경해줍니다.
- 저희 안경원은 일반 메탈테의 경우 렌즈 가공 전체 사이즈 수치를 +0.10으로 설정하여 가공을 진행합니다.
- 앞에서도 얘기한 대로 자동옥습기가 가공되는 동안 전체적인 볼트(나사)의 점검, 다리 팁의 유격 확인 등 안경테 기본 체크 사항을 점검해야 합니다.
- 가공이 완료되면 수동옥습기로 안경렌즈 산각 가장자리를 매끄럽게 하는 면치기를 진행한 후 안경테에 렌즈를 체결합니다.
- 사이즈가 살짝 크면 사이즈를 한 단계 줄여 리터치를 실행해줍니다. 하지만 숙련된 안경사의 경우 다양한 기본안경테의 경우 가공 사이즈를 숙지해서 정확히 가공하면서도 조제가공 시간을 단축할 수 있어야 합니다.

【기본 메탈 안경테의 조제가공 과정】

1. 전 피팅된 기본 메탈 안경테의 선택

2. 안경테를 이용한 트레이싱
(모양 읽기)

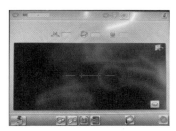

3. 대칭 양안 + 메탈테로 트레이싱 진행

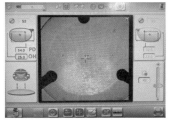

4. 안경렌즈 설계 및 센터링
(PD : 34mm, OH : 25mm)

5. 자동옥습기에 설계된 안경렌즈 고정

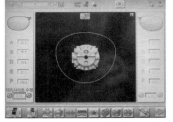

6. 자동모드, 표준가공,
전체 사이즈 +0.10 가공진행

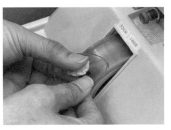

7. 면치기

8. 조립 및 조제가공 완료

◠◠ 2) 울템 안경테의 조제가공

한국안경아카데미

조제가공 핵심 키워드	
트레이싱 (모양 읽기)	데모렌즈를 이용한 트레이싱
모양 변경	도난시 조제가공 : 위로 1~2단계 키우기
전체사이즈 변경	데모렌즈 트레이싱 : +0.25(작게 모양을 읽어서) 울템 안경테 트레이싱: +0.15(홈 깊이 고려)
산각 설정	기본 산각 설정
주의 사항	렌즈가 얇거나, 도난시의 경우 상단부가 빠지지 않도록 꼭 사이즈를 키울 것

- 울템(ULTEM) 소재는 폴리에테르이미드(PEI, Poly Ether Imide)로 열가소성 소재로 내열성이 높고 탄성이 좋습니다. 그래서 비행기, 의약품, 반도체 등과 관련된 설비 제작에 사용되고 안경테의 좋은 재료로 사용되고 있습니다.

- 무거운 아세테이트 소재보다 가볍고 탄성이 좋아 플라스틱 안경테(뿔테)의 대표적인 소재로 자리매김하였습니다. 하지만 울템 안경테를 조제 가공을 할 때는 몇 가지 주의할 점이 있는데, 첫 번째, 소재가 너무 부드럽고 탄성력이 좋아 안경테의 모양과 형상을 읽기 위해 트레이서에 고정할 때 수직 방향의 압력으로 위아래가 눌려 렌즈 사이즈가 위아래는 작고 좌우는 커지고, 모양이 일그러지는 (찌그러지는) 경우가 있습니다. 따라서, 안경테의 탄성을 확인하고 이러한 경우는 데모렌즈를 이용한 트레이싱을 진행하는 것도 좋은 방법입니다(이전 자료 기계적인 트레이싱 참고).

  ※ 항상 트레이싱 하기 전에 데모렌즈의 크기와 모양이 안경테 모양에 적합한지 확인한 후 조제가공을 진행해야 합니다(간혹 데모렌즈 모양이 다르거나, 사이즈가 맞지 않는 경우가 있습니다)

- 두 번째 주의할 점은 플라스틱 소재의 안경테(TR, 울템, 아세테이트 등)의 경우에는

메탈 안경테에 비해 홈 깊이가 깊어 사이즈를 보다 크게 설정하여 1차 가공을 해야 합니다. 사용하는 자동옥습기에 숙련된 사람은 수정 사이즈를 정확하게 알고 가공하겠지만 도수, 난시도수, 가로세로 길이 비율에 따라 달라질 수 있으니 초보자의 경우 항상 1~2 STEP 크게 가공하고, 다시 리터치를 하여 크기를 줄이면서 가공하는 방법을 추천합니다.

- 트레이싱은 데모렌즈를 이용해주고, 좌우 모양을 동일하게 읽어주는 대칭 양안 트레이싱과 뿔테를 선택하여 진행해줍니다. 자동옥습기로 트레이싱 정보를 읽으면 A : 수평길이, B : 수직길이를 확인할 수 있습니다.

트레이싱 방법 비교	가공된 안경렌즈 수평 길이	가공된 안경렌즈 수직 길이
안경테를 이용한 트레이싱	55.4mm	38.4mm
데모렌즈를 이용한 트레이싱	54.7mm	38.7mm
위로 한 단계 키웠을 때 (도난시의 경우)	54.7mm	39.2mm

- 데모렌즈 트레이싱 후 수평이 잘 맞는지 모양 변경, 양안뷰 모드에서 수평을 확인해줍니다.
- 렌즈 가공 전체 사이즈는 데모렌즈로 모양을 읽었기 때문에 +0.25로 설정하여 가공을 진행합니다. 만약, 울템 안경테로 모양을 읽었다면 메탈 안경테에 비해 한 단계 크게 +0.15로 설정하여 가공을 진행하면 됩니다.
- 또한 난시가 많고, 난시축이 90축 근처에 위치한 도난시의 경우 상대적으로 수평보다 수직이 얇아(또한 OH도 설정했기 때문에) 윗부분의 체결력(고정)이 떨어져 렌즈가 빠지는 현상이 나타날 수 있습니다. 그래서 이러한 경우 모양변경에서 위로(수직) 1~2 STEP 사이즈를 키워 가공하면 문제를 해결할 수 있습니다.

트레이싱 방법에 따른 비교(안경테, 데모렌즈)

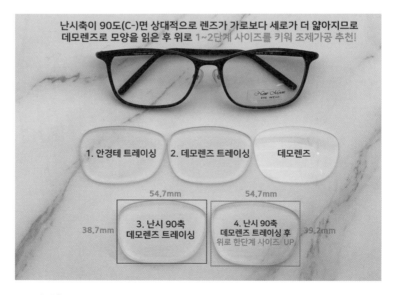

난시축이 90도인 도난시인 경우 위로 1~2 STEP 사이즈를 키워 가공

【울템 안경테의 조제가공 과정】

1. 기본 피팅된 울템 안경테의 선택

2. 오른쪽 데모렌즈를 이용한 트레이싱

3. 브릿지 사이즈 입력(16mm)

4. 모양 확인 및 회전 정렬

5. 안경렌즈 설계 및 센터링

6. 모양변경을 하여 정보를 불러오면
역산각으로 세팅되므로 꼭 산각변경을 할 것

7. 자동모드, 표준가공, 전체 사이즈 +0.15
가공진행

8. 조립 및 조제가공 완료

3) 하금테의 조제가공

한국안경아카데미

조제가공 핵심 키워드	
트레이싱 (모양 읽기)	안경테를 이용한 트레이싱
모양 변경	사각(웰링턴) 모양의 경우 위로 1단계 키우기
전체사이즈 변경	기본 하금테의 경우 : +0.10 사각(웰링턴) 모양으로 위로 1단계 키운 경우 : –0.25
산각 설정	기본 산각 설정
주의 사항	상단부가 빠지지 않도록 상황에 따라 사이즈를 키울 것

- 하금테는 안경테 하부(아랫부분)가 금속 재질로 되어 있는 안경테를 말합니다. 하금테도 메탈 안경테와 동일하게 안경테를 이용하여 트레이싱 하는 것을 추천합니다.
- 일반 메탈테(특히 라운드, 원형)의 경우에는 특별한 모양 변경 없이 가공을 진행해도 괜찮지만, 사각(웰링턴 스타일)의 하금테의 경우 위로 사이즈를 한단계 키워 가공하는 것이 좋습니다. 그래야 안경테 윗부분의 들뜨거나 빠지지 않고 체결이 좋아집니다(안경테의 종류, 처방 도수에 따라 다를 수도 있습니다).
- 메탈테의 경우 렌즈 가공 전체 사이즈 수치를 +0.10으로 설정한다고 했습니다. 하금테의 경우 위로 한단계 사이즈를 키웠기 때문에 -0.25로 설정하여 가공을 진행합니다.

[하금테의 조제가공 과정]

1. 전 피팅된 하금테 안경의 선택

2. 안경테를 이용한 트레이싱(모양 읽기)

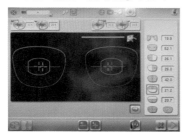

3. 모양변경을 통해 위로 한 단계 키우기
(수직이등분 상단 20.7mm → 21.2mm)

4. 안경렌즈 설계 및 센터링

5. 자동옥습기에 설계된 안경렌즈 고정

6. 자동모드, 표준가공, 전체 사이즈 −0.25
(위로 한단계 키웠으므로 작게 가공)

7. 면치기

8. 조립 및 조제가공 완료

4) 반무테 안경의 조제가공

조제가공 핵심 키워드	
트레이싱(모양 읽기)	데모렌즈를 이용한 트레이싱
모양 변경	트레이싱 후 양안뷰 모드에서 회전으로 수평 맞추기
전체사이즈 변경	기본 설정
산각 설정	역산각 설정
주의 사항	역산각 수치 : 홈 깊이 0.45mm, 홈 폭 0.60mm

- 반무테 안경을 만들기 위해 트레이싱을 하려면 데모렌즈를 이용해야 합니다. 안경테에서 데모렌즈를 빼는 방법에는 2가지가 있습니다.

    ① 손으로 안경테를 비틀어 빼는 방법 : 오른쪽 데모렌즈의 귀쪽 상부를 잡고 테와 데모렌즈를 서로 벌리면서 살짝 비틀어주면 데모렌즈가 빠집니다. 이때 상단의 패킹(구선)이 빠지지 않도록 조심해야 합니다. 숙련자들은 대부분 이 방법을 사용합니다.

    ② 벌린 공간에 낚시줄을 넣어 빼는 방법

- 준비된 데모렌즈를 이용하여 트레이싱을 할 때 수평을 맞추기 위한 방법으로 2가지가 있습니다.

    ① 렌즈미터의 인점으로 수평 기준선을 설정하는 방법

    ② 데모렌즈 트레이싱 후 양안뷰 모드에서 회전으로 설정하는 방법

- 초보 안경사의 경우에는 ① 번의 방법이 간단하고 편할 수 있지만, 본인의 감각을 키우기 위해서는 꼭 ②번의 방법을 연습하여 숙련해야 합니다. 숙련자의 경우 대부분 ②번의 방법으로 가공을 진행합니다.

- 자동옥습기의 역산각 깊이와 폭(넓이) 설정을 잘해야 합니다. 안경원에서 사용하는 일반적인 나일론 실은 0.5~0.6mm(10호, 12호) 직경의 낚시용 나일론 실을 사용합니다.

- 10호 : 안경원에서 많이 사용 표준직경 0.520mm

- 12호 : 안경제조업체에서 많이 사용 표준직경 0.570mm

- 이론적인 역산각 홈의 깊이는 나일론실 두께의 1/2 또는 2/3 정도인 0.3mm정도를 추천합니다. 그래야 충격을 수하여 안경렌즈 가장자리가 깨지지 않습니다. 하지만 가장자리의 흰 띠(역산각+낚시줄 두께)가 너무 두껍게 보여 외관상 좋지 않아 그보다 홈 깊이를 더 깊게 설정하는 것을 추천합니다. 에실로 옥습기는 홈 깊이가 자동으로 0.45mm로 세팅됩니다.

- 따라서, 역산각의 홈 깊이는 나일론실이 약간 돌출되어 외부의 충격을 일차로 나일론 실이 흡수하여 렌즈 가장자리 파손을 막을수 있는 0.40~0.45mm를 추천하고, 홈 폭(넓이)은 나일론 실의 두께가 안정적으로 들어갈 수 있는 0.60mm를 추천합니다. 에실로 옥습기는 홈 폭(넓이)은 자동으로 0.60mm로 세팅됩니다.

- 역산각 가공이 끝나고 반무테에 안경렌즈를 넣은 다음 나일론 실 당겨 고정할 때 적당한 길이(공간)은 아래로 당겨보았을 때 1.5~2.0mm 정도 떨어진 간격이면 최적의 사이즈 적당한 길이와 장력으로 잘 끼워 넣은 것을 의미합니다.

[반무테 안경의 조제가공 과정]

1. 전 피팅된 반무테 안경의 선택

2. 데모렌즈를 이용한 트레이싱(수평선)

3. 브릿지 사이즈 입력(17mm)

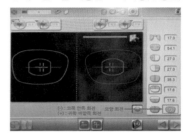

4. 모양 확인 및 회전 정렬

5. 안경렌즈 설계 및 센터링

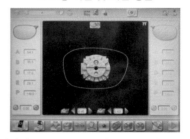

6. 역산각, 수동모드, 표준가공, 전체 사이즈 0.00
(홈 깊이 0.45, 홈 넓이 0.60)

7. 수동모드 역산각 줄기 50% 설정

8. 조립 및 조제가공 완료

5) 얇은(가는) **메탈 안경테의 조제가공**(티타늄 실테)

조제가공 핵심 키워드	
트레이싱(모양 읽기)	데모렌즈를 이용한 트레이싱
모양 변경	기본 설정
전체사이즈 변경	+0.25(데모렌즈 트레이싱으로 작게 읽혀서)
산각 설정	기본 산각 설정
주의 사항	사이즈가 클 때 나사를 힘으로 조이지 말 것

- 얇은 메탈 안경테(티타늄 실테)의 경우 데모렌즈가 있으면 모양을 잘 유지하지만 데모렌즈를 빼면 모양이 틀어지게 됩니다(보통 수직 사이즈가 줄어들고 수평 길이가 늘어납니다). 그래서 꼭 데모렌즈를 이용한 트레이싱으로 가공을 진행해야 합니다.
- 나머지 과정은 기본 메탈 안경테의 조제가공 과정과 동일합니다.

【 얇은(가는) 메탈 안경테의 조제가공(티타늄 실테) 과정 】

1. 전 피팅된 얇은 메탈 안경테의 선택

2. 데모렌즈를 이용한 트레이싱

3. 브릿지 사이즈 입력(17mm)

4. 모양 확인 및 회전 정렬

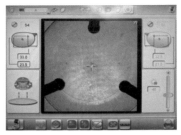

5. 안경렌즈 설계 및 센터링

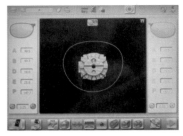

6. 일반산각, 자동모드, 표준가공, 전체 사이즈
+0.25(데모렌즈로 읽었기 때문에)

7. 면치기

8. 조립 및 조제가공 완료

▭ 6) 역반테 안경의 조제가공

한국안경아카데미

조제가공 핵심 키워드	
트레이싱(모양 읽기)	데모렌즈를 이용한 트레이싱
모양 변경	기본 설정
전체사이즈 변경	기본 설정
산각 설정	역산각 설정
주의 사항	일반 반무테의 역산각 보다 홈 폭(넓이)을 조금 넓게 역반테 가공 : 홈 깊이 0.45mm, 홈 폭 0.75mm

• 안경렌즈를 역산각으로 가공하여 낚시줄이 아닌 얇은 금속 림으로 고정하는 안
경테를 역반테라고 합니다. 가공방법은 반무테 가공과 비슷하며 데모렌즈를 이
용한 트레이싱으로 진행하면 됩니다.

- 산각줄기가 없고 평평한 평산각은 무테에서 사용되고, 1차 산각으로 평산각 이후에 2차 산각으로 역산각을 가공하면 반무테, 역반테에서 사용됩니다. 일반 반무테의 경우에는 역산각 + 하단부에 나일론실로 고정되기 때문에 약간의 유격과 여유가 있더라도 안정적으로 고정 및 결합되지만, 역반테의 경우 나일론실이 없이 모든 부분이 얇은 메탈 안경테로 구성되어 있어 메탈 안경테와 동일하게 정확한 사이즈가 요구됩니다.

- 반무테, 역반테에서 사용하는 역산각의 경우 ① 평산각 → ② 역산각 가공으로 산각을 2회 가공하기 때문에 시간이 오래 걸립니다. 만약 가장자리 경면가공(광내기)까지 옵션으로 선택한다면 3회 가공이 진행됩니다. 따라서 사이즈를 약간 크게 갈아 리터치하는 습관도 좋지만 정확한 사이즈를 숙지하고 있으면 보다 빠르게 가공을 마칠 수 있습니다.

- 일반 메탈 안경테와 비슷하게 보여 소비자들은 헷갈릴 수 있고, 가장 중요한 점은 일반 메탈테와는 달리 반무테, 역반테의 경우 홈을 파듯 산각을 거꾸로 세워 나일론실 또는 얇은 메탈테를 끼워 넣기 때문에 단단한 소재의 안경렌즈가 필수로 선택돼야 합니다(굴절률 1.60 이상의 안경렌즈).

- 나머지 과정은 반무테와 같으며 가장 큰 차이점은 안경렌즈 사이즈, 역산각 홈 깊이와 홈 넓이 설정이 중요합니다. 역반테의 역산각 홈 깊이와 넓이 설정은 렌즈 파손에 큰 영향을 미칩니다. 깊고, 좁게 가공할수록 렌즈가 잘 깨질 수 있습니다. 렌즈 굴절률에 따라 역산각의 깊이와 넓이를 조절해서 조제가공을 해야 합니다.

- 일반 반무테의 경우 나일론 낚시줄과 상부 쿠션이 충격을 흡수해주기 때문에 상대적으로 렌즈 파손이 덜 발생하지만, 역반테의 경우 안경테의 충격이 곧바로 안경렌즈에 전달되기 때문에 이러한 설정을 잘 해줘야 합니다. 안경테 제조사의 표준 조제가공 매뉴얼의 경우 약간 작게 가공한 후 역산각홈에 충격을 흡수하기 위해 고무패킹을 넣어 가공하는 것을 권장합니다.

- 홈 깊이는 일반 반무테와 동일하게 0.45mm로 세팅하고, 홈 넓이는 0.75mm 정도로 기존보다 약간 더 넓게 설정해줍니다.

- 역산각의 깊이와 넓이에 따라 안경렌즈 사이즈가 다르기 때문에 리터치를 하더라도 안전하게 시작하는 것을 추천합니다. 또한 사이즈가 큰 것 보다 약간 여유 공간이 있는 것을 추천합니다. 역반테의 경우 안경렌즈 사이즈가 크면 다른 안경테에 비해 안경렌즈 파손이 쉽게 발생합니다.
- 안경렌즈 사이즈를 맞춰보기 위해서는 역반테의 경우 안경테의 나사를 완전히 풀어 사이즈를 확인해야 합니다. 따라서 미리 안경수건, 조제가공 받침함을 준비하여 나사의 분실을 예방해야 합니다.

[역반테 안경의 조제가공 과정]

1. 전 피팅된 역반테 안경의 선택

2. 데모렌즈를 이용한 트레이싱

3. 브릿지 사이즈 입력(20mm)

4. 모양 확인 및 회전 정렬

5. 안경렌즈 설계 및 센터링

6. 역산각, 수동모드, 표준가공, 전체 사이즈 +0.10(홈 깊이 0.45, 홈 넓이 0.75)

7. 사이즈가 커서 전체사이즈 -0.20 재가공

8. 조립 및 조제가공 완료

기) 사각(스퀘어) 메탈 안경테의 조제가공

한국안경아카데미

조제가공 핵심 키워드	
트레이싱(모양 읽기)	안경테를 이용한 트레이싱
모양 변경	위로 1단계 키우기
전체사이즈 변경	-0.25(메탈 안경테를 위로 1단계 키워서)
산각 설정	산각줄기 35~40% 설정 가공
주의 사항	상단부가 빠지지 않도록 상황에 따라 사이즈를 키울 것

- 사각(스퀘어) 메탈 안경테의 조제가공은 생각보다 어렵습니다. 가로세로 비율도 다르고, 라운드 형태(곡선이 있는)의 안경테 보다 체결력이 떨어지기 때문에 사이즈 비율 조정을 잘해야 안경렌즈가 빠지지 않고 휨이 없습니다.

- 따라서 위로 사이즈를 한 단계 키워 가공하는 것이 좋습니다. 그래야 안경테 윗부분의 들뜨거나 빠지지 않고 체결이 좋아집니다. 예를 들면, 사각 메탈 안경테의 경우 위로 사이즈를 한 단계 키워 가공하고, 만약 난시가 많고 난시축이 90도인 도난시의 경우에는 위로 사이즈를 두 단계 키워 가공하는 것을 추천합니다 (안경테의 종류, 처방 도수에 따라 다를 수도 있습니다).

- 나머지 과정은 이전 메탈 안경테의 과정과 동일합니다.

【 사각(스퀘어) 메탈 안경테의 조제가공 과정 】

1. 전 피팅된 사각 메탈 안경테의 선택

2. 안경테를 이용한 트레이싱

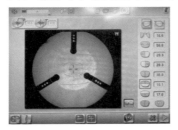

3. 모양변경을 통해 위로 한 단계 키우기
(수직이등분 위로 17.6mm ─〉 18.1mm)

4. 안경렌즈 설계 및 센터링

5. 자동옥습기에 설계된 안경렌즈 고정

6. 기본산각, 자동모드, 표준가공, 사이즈 −0.25
(위로 한단계 키웠으므로 작게 가공)

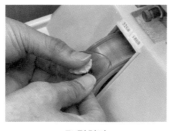

7. 면치기

8. 조립 및 조제가공 완료

8) TR소재 안경테의 조제가공

조제가공 핵심 키워드	
트레이싱(모양 읽기)	• 데모렌즈가 있으면 : 데모렌즈를 이용한 트레이싱 • 데모렌즈가 없으면 : 안경테를 이용한 트레이싱
모양 변경	좌우 2단계 줄이기
전체사이즈 변경	+0.60(좌우 2단계 줄였으므로)
산각 설정	기본 산각 설정
주의 사항	뿔테의 경우 좌우 2단계를 줄이고 전체 사이즈를 키워 다리벌림폭이 넓어지는 것을 방지할 것

한국안경아카데미

- TR 안경테(테토론 레이온, Tetoron Rayon, 그중 TR90을 많이 사용)는 열가소성 소재로 제조가 쉽고 탄성이 좋아(피팅 성능이 좋아) 지금까지 나온 플라스틱 안경 소재 중 가장 훌륭하다는 평가를 받는 안경테 중 하나입니다.

- TR 안경테는 데모렌즈가 있는 제품과 없는 제품, 2가지로 공급됩니다.

- 탄성이 있고 부드러워서 데모렌즈가 있는 제품의 경우 데모렌즈를 이용한 트레이싱을 진행하고, 만약 데모렌즈가 없는 경우 트레이싱을 할 때는 다리를 손으로 잡고, 위에서 아래로 살짝 누르며 고정하여 트레이싱을 진행하면 흔들리지 않고 변형을 최소화할 수 있습니다.

- 근시를 교정하는 (-)렌즈의 수평방향의 렌즈 두께가 두껍고, 메탈테에 비해 테 두께가 두꺼운 TR, 뿔테, 아세테이트의 경우 수평방향의 압력이 불가피하게 발생하게 됩니다. 따라서 이러한 안경테의 사이즈 조정은 좌우 사이즈를 2단계 줄이고 전체 사이즈를 키워 가공하면 수평방향 압력으로 인해 다리벌림각이 커지는 것을 방지할 수 있습니다.

- 따라서, TR 안경테의 경우 좌우 사이즈를 2단계 줄여 가공하는 것을 추천합니다. 좌우 사이즈를 2단계나 줄였기 때문에 전체 사이즈를 상황에 맞게 많이 키워 가공을 진행해야 합니다.

• 나머지 과정은 이전 조제가공 과정들과 동일합니다.

[TR소재 안경테의 조제가공 과정]

1. 전 피팅된 얇은 메탈 안경테의 선택

2. 안경테를 이용한 트레이싱
(양쪽 다리를 손으로 잡고 수직으로 위에서
아래로 살짝 눌러 흔들리지 않게 고정)

3. 모양변경을 통해 좌우로 두 단계 줄이기(수평
52.3mm → 51.3mm 변경)

4. 기본산각, 자동모드, 표준가공, 전체 사이즈
+0.60(좌우로 두 단계 줄였으므로)

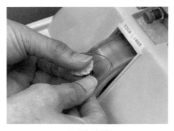

5. 면치기

6. 조립 및 조제가공 완료

9) 아세테이트 안경테의 조제가공

조제가공 핵심 키워드	
트레이싱(모양 읽기)	안경테를 이용한 트레이싱
모양 변경	좌우 2단계 줄이기
전체사이즈 변경	+0.55(좌우 2단계 줄였으므로)
산각 설정	기본 산각 설정
주의 사항	뿔테의 경우 좌우 2단계를 줄이고 전체 사이즈를 키워 다리벌림폭이 넓어지는 것을 방지할 것

한국안경아카데미

- 아세테이트 안경테는 다양한 색상과 고급스러운 광으로 고급 플라스틱 안경테 의 소재로 대중적으로 사용되고 있습니다. 사출 형식이 아니고 아세테이트판을 하나하나 깎아서 만들기 때문에 가격이 비싸고, 상대적으로 다른 플라스틱 소재 에 비해 무겁기도 합니다. 하지만 고급스러움 때문에 많은 수입사 플라스틱 안 경테의 대부분은 아세테이트 소재를 사용합니다.

- 아세테이트 안경테는 저가 플라스틱 안경테의 소재인 TR(테토론 레이온, Tetoron Rayon, 그중 TR90을 많이 사용)안경테, 앞에서 언급한 ULTEM 안경테보다 소재가 딱 딱하여 가공과 피팅의 경우 보다 신경을 많이 써야 합니다. 트레이싱은 오히려 부드러운 소재에 비해 쉬울 수 있지만, 탄성이 거의 없어 늘어나지 않기 때문에 정확한 사이즈를 맞추기가 쉽지 않습니다.

- 아세테이트 소재의 연화온도 70° 정도의 히터로 열을 줘 끼워 넣을 수 있지만 정확 한 사이즈를 맞추는 가공 단계 단계마다 확인하기에는 어려움이 있습니다. 따라서 주의해야 할 점은 사이즈가 커서 안 들어간다고 작게 갈다가는 막상 끼워 넣어졌 을 때 렌즈 사이즈가 작은 경우가 많이 있습니다. 따라서 많은 경험으로 적당한 사 이즈를 맞출 수 있고, 끼워 넣어도 작지 않도록 주위를 기울여야 합니다.

- 또한 탄성이 떨어지기 때문에 안경렌즈의 전면부 커브가 너무 평평하거나, 도수 가 높거나, 가공된 렌즈 사이즈가 약간 크거나, 산각의 설정이 잘못된 경우 아세

테이트 안경테에 변형이 올 수 있어 조심해야 합니다. 이러한 경우 안면각이 펴지거나 오히려 뒤집어지고(마이너스 안면각, 170도), 다리벌림각이 벌어져 가공전에는 잘 맞던 안경테가 가공 후 피팅이 힘들 수 있기 때문에 조제 및 가공의 단계부터 잘 생각하면서 진행해야 합니다.

- TR 안경테의 조제가공에서 언급했듯이 두꺼운 뿔테 안경테의 경우 좌우 사이즈를 2단계 정도 줄이고, 전체 사이즈를 +0.55정도 크게 가공합니다. 수평방향이 안경렌즈 두께에 눌려 압력이 발생하면 다리 벌림각이 커지므로 꼭 좌우를 줄여서 가공하는 것을 추천합니다(상황에 따라 좌우 두 단계를 줄이고 위로 한 단계를 키워 가공할 수도 있습니다).

- 사이즈 설정을 어떻게 해서 조제가공을 하느냐에 따라 결과물이 달라지고, 착용 시간이 지나더라도 변형이 되지 않습니다. 완벽하게 벌어지지 않게는 할 수 없지만, 신경 써서 조제가공을 한다면 어느 정도는 가능합니다. 특히 안경렌즈의 전면 베이스커브가 평평한 설계인 비구면렌즈, 양면비구면렌즈인 경우에는 특별히 더 신경 써서 가공을 해야 합니다. 물론 가공 후 피팅으로 다리벌림폭을 줄일 수 있지만, 가공으로 늘어난 수치는 다시 원상태로 돌아오기 어렵고, 피팅으로 좁힌 다리벌림폭은 다시 벌어질 확률이 높습니다.

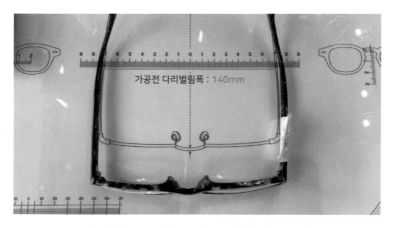

아세테이트 안경테 가공전 다리벌림폭(140mm)

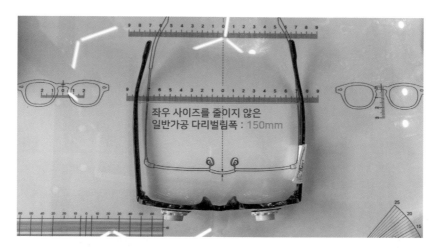

좌우 사이즈를 줄이지 않고 가공된
아세테이트 안경테의 다리벌림폭(150mm)

좌우 사이즈를 2단계 줄여(56.5mm ⋯ 55.5mm) 가공한
아세테이트 안경테의 다리벌림폭(145mm)

【 아세테이트 안경테의 조제가공 과정 】

1. 전 피팅된 아세테이트 안경의 선택

2. 안경테를 이용한 트레이싱

3. 모양변경을 통해 좌우로 두 단계 줄이기
(수평 56.5mm ⋯▸ 55.5mm 변경)

4. 안경렌즈 설계 및 센터링

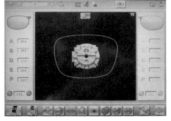

5. 기본산각, 수동모드, 표준가공, 전체 사이즈
+0.55(좌우로 두 단계 줄였으므로)

6. 사이즈가 커서 +0.45로 리터치

7. 면치기

8. 조립 및 조제가공 완료

10) 림 산각폭이 두꺼운 안경테의 조제가공

조제가공 핵심 키워드	
트레이싱(모양 읽기)	안경테를 이용한 트레이싱
모양 변경	위로 1단계 키우기
전체사이즈 변경	−0.25(사이즈를 위로 1단계 키워서)
산각 설정	기본 산각 설정 / 산각줄기 45%
주의 사항	림 두께에 따라 산각줄기 설정을 잘해야 함

한국안경아카데미

- 최근 특히 메탈 안경테 중에서 림 폭(두께)이 두껍게 나오는 안경테들이 많이 있습니다. 일반 메탈 안경테처럼 가공하면 사이즈가 작거나 움직일 수 있으므로 조심해야 합니다. 일반 메탈 안경테와는 다르게 홈선 모양이 넓으며 'ㄷ'처럼 생겼습니다. 그래서 조제가공 할 때 사이즈와 산각줄기 설정을 잘해야 합니다.

- 안경테 림을 보면 림 두께에 비해 산각의 위치가 각각 다를 수 있지만, 일반적으로 산각줄기를 40~45%로 설정하여 가공하면 전면부와 후면부에 렌즈가 돌출된 정도의 균형이 맞거나 또는 전면부 돌출이 가려지게 됩니다. 만약 산각줄기 설정을 50%로 가공하면 전면부 돌출이 많이 보여 오히려 미용적으로 불편하다는 고객님들의 클레임이 발생할 수 있습니다. 따라서 정답은 없지만, 림 폭(두께)이 두껍게 나오는 안경테의 산각 줄기는 중심부에서 약간 전면부로 설정되는 40~45%로 조제가공을 추천합니다. 나머지 과정은 이전 조제가공 과정들과 동일합니다.

S-4.00D, 산각줄기 45%
설정 전면부 돌출이 보임

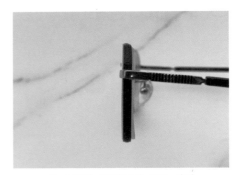

S-4.00D, 산각줄기 40% 설정
전면부 돌출이 거의 보이지 않음

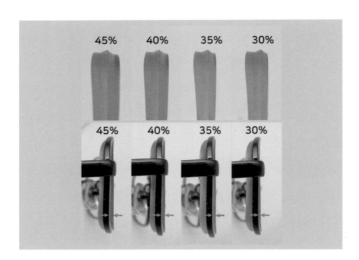

산각 줄기 설정에 따른 전, 후면부 렌즈 돌출 비교
(45% ~ 30%)

산각 줄기 설정에 따른 전, 후면부 렌즈 돌출 비교(45% ~ 30%)

1. 전 피팅된 림폭이 두꺼운 안경의 선택

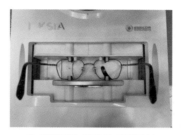

2. 안경테를 이용한 트레이싱

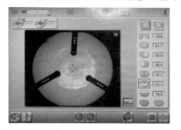

3. 모양변경을 통해 위로 한 단계 키우기
(수직 이등분 19.9mm → 20.4mm 변경)

4. 안경렌즈 설계 및 센터링

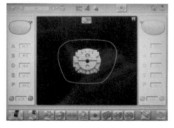

5. 기본산각, 수동모드, 표준가공, 사이즈 −0.25
(위로 한 단계 키웠으므로 작게 가공)

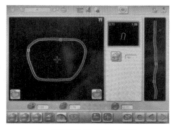

6. 산각줄기 40% 설정

7. 면치기

8. 조립 및 조제가공 완료

11) 판테 안경의 조제가공

한국안경아카데미

조제가공 핵심 키워드	
트레이싱(모양 읽기)	안경테를 이용한 트레이싱
모양 변경	사각모양의 경우 위로 1단계 키우기
전체사이즈 변경	−0.25(사이즈를 위로 1단계 키워서)
산각 설정	기본 산각 설정 / 산각줄기 30~45%(두께에 따라 다름)
주의 사항	산각줄기 설정을 조금 더 전면쪽으로

- '판테'라는 안경테는 전면부에 판형태의 메탈부와 뒷부분에 메탈림을 용접하여 만든 안경을 뜻합니다. 얇은 림으로 표현하지 못하는 두꺼운 모양을 낼 수 있어서 멋스러운 메탈 안경테입니다. 전면부가 모두 판으로 되어 있는 안경테도 있고, 상단부만 판으로 되어 있는 경우도 있습니다.

- 지금까지 과정들과 동일하게 모양이 사각인 경우 위로 한 단계 키워서 가공을 진행합니다.

- 특히 조심해야 할 부분은 산각줄기를 일반 메탈 안경테보다 전면(30~45%)으로 이동시켜 가공을 해야 합니다. 만약 도수가 높은 렌즈에서 중앙(50%) 산각줄기로 가공하면 전면부 판과 후면부 림이 벌어져 안경테가 문제있는 것 아니냐는 곤란한 상황에 빠지게 됩니다.

잘못된 산각줄기 설정(50%)으로 벌어진 현상

올바르게 가공된 판테 안경 (산각줄기 35%)

- 가공된 렌즈를 끼워 넣는 과정도 전면부를 통해 넣으면 판테의 사이즈로 인해 들어가지 않고, 꼭 볼트를 풀어 놓은 후면부를 통해 렌즈를 끼워 넣어야 합니다.
- 나머지 과정은 기본 메탈 안경테의 조제가공 과정과 동일합니다.

[판테 안경의 조제가공]

1. 전 피팅된 판테 안경의 선택

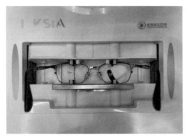

2. 안경테를 이용한 트레이싱

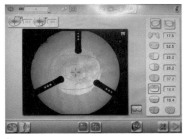

3. 모양변경을 통해 위로 한 단계 키우기
(수직 이등분 18.4mm ⋯ 18.9mm 변경)

4. 기본산각, 수동모드(산각줄기 45%),
표준가공, 사이즈 −0.25(위로 키워서)

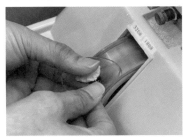

5. 면치기

6. 조립 및 조제가공 완료

12) 2면 고정 반무테 안경의 조제가공

한국안경아카데미

조제가공 핵심 키워드	
트레이싱(모양 읽기)	데모렌즈를 이용한 트레이싱
모양 변경	트레이싱 후 양안뷰 모드에서 회전으로 수평 맞추기
전체사이즈 변경	기본 설정
산각 설정	역산각 설정
주의 사항	역산각 수치 : 홈 깊이 0.55mm, 홈 폭 0.85mm 일반 반무테 보다 역산각 홈을 깊고 넓게 가공

- 일반 반무테 안경은 좌, 우, 위에서 3면이 고정되고 하단에 나일론 낚시줄로 당겨 고정하는 방법을 사용합니다. 2면 고정 반무테의 경우 코 쪽과 상단에만 프레임이 있고, 나머지는 낚시줄로 고정되기 때문에 상대적으로 고정 압력이 덜 발생합니다. 그래서 상단에 빈틈이 생길 확률이 높습니다. 따라서 2면 고정 반무테의 경우 역산각 깊이와 폭 설정을 잘해야 합니다.
- 일반 반무테에 비해 역산각 수치를 보다 깊고 넓게 가공하는 것을 추천합니다.

트레이싱 방법 비교	역산각 홈 깊이	역산각 홈 폭(넓이)
일반 반무테 역산각 자동 수치	0.45mm	0.60mm
2면 반무테 역산각 추천 수치	0.55~0.60mm	0.85~0.90mm

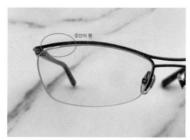

일반 반무테 역산각 수치
(깊이 0.45, 폭 0.60)
(다리 쪽 상단의 빈틈이 생김)

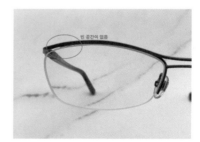

보다 깊고 넓은 역산각 수치
(깊이 0.55, 폭 0.85)
(데모렌즈와 비슷하게 빈틈이 거의 보이지 않음)

• 나머지 과정은 반무테 안경의 조제가공 과정과 동일합니다.

[2면 고정 반무테 안경의 조제가공]

1. 전 피팅된 림폭이 두꺼운 안경의 선택

2. 데모렌즈를 이용한 트레이싱

3. 브릿지 사이즈 입력(18mm)

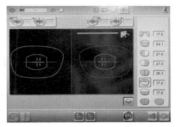

4. 모양 확인 및 회전 정렬

5. 안경렌즈 설계 및 센터링

6. 역산각(깊이 0.55, 넓이 0.85), 수동모드, 표준 가공, 전체 사이즈 −0.20

7. 면치기

8. 조립 및 조제가공 완료

• 안경의 조제가공에서 볼트(나사)를 조이는 것은 기본중에 기본입니다. 나무 또는 플라스틱 손잡이의 기본형 드라이버를 사용하셔도 되지만, Nishimura社, PEARL社 등과 같은 특주강 소재에 나사 홈 각도가 잘 맞는 드라이버를 여러 사이즈로 구매해서 사용하시길 추천합니다.

안경원에서 사용 중인 드라이버 종류

• 기본적으로 안경테를 손에 들고 나사를 풀고 조입니다. 나사를 풀다보면 쉽게 풀리는 경우도 있고, 잘 안풀리는 경우도 있습니다. 안풀려서 힘을 많이 주게 되면 나사 홈이 쉽게 마모되어 2차적인 문제가 발생합니다. 따라서 어느 정도 힘을 줘도 풀리지 않으면 멈추고 바닥에 고정시킨 상태에서(스크래치 방지를 위해 안경수건을 깔고) 위에서 아래로 누르는 힘을 크게 하고, 돌리는 힘을 작게 배분하여 조금씩 나사를 풉니다. 이때 중요한 것은 정확히 수직을 유지하고 힘이 잘 전달되며, 나사 홈이 마모되지 않으며 풀리는지를 감각으로 느끼며 드라이버를 돌려야 합니다.

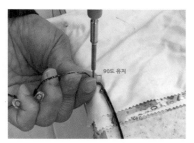

기본적인 안경테 나사를 푸는
파지법

나사가 풀리지 않을 때 바닥에
고정하여 나사를 푸는 방법

14) (부록)수동옥습기 연습 방법

한국안경아카데미

- 앞장의 수동옥습기의 연습과 면다듬기 연습을 시간 날 때마다 꾸준히 연습하라고 강조했습니다.
- 수동옥습기의 연습은 버리는 안경렌즈(가공되어 버리는 안경렌즈, 폐렌즈)를 이용하여 500원 동전 크기가 될 정도로 앞뒤로 돌려가며 가공 연습을 꾸준히 해야 합니다.
- 연습을 할 때 수동옥습기에 렌즈를 떼지 말고 계속 붙이며, 모서리(코너)에서 힘을 주고 면(변)에서는 힘을 빼는 연습을 해야 합니다.

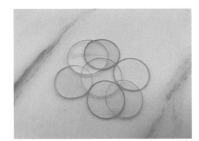

수동옥습기를 이용한 안경렌즈
가공 연습

500원 동전 크기가 될 정도로
연습을 꾸준히

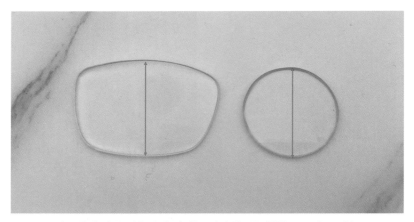

수동옥습기를 이용하여 버리는 사각렌즈를 원형으로 가공 연습
수직 길이가 동일하게 유지하며 500원 동전모양으로 가공
하루에 3개씩 연습하기, 한 달 동안!

고객의 입장에서 볼 때, 볼 수 있거나 잡을 수 있거나 냄
새를 맡아볼 수 있거나 휴대해 볼 수 있거나
만져 볼 수 있거나 맛을 볼 수 있거나
느낄 수 있는 것이 있다면
그것은 다름 아닌 고객 서비스이다.

-슈퍼아메리카 교육 프로그램-

CS의 뿌리는 아름다운 마음으로,
CS의 줄기는 아름다운 행동으로,
CS의 열매는 아름다운 습관으로 만들어진다.

-작자 미상-

Chapter.4

피팅

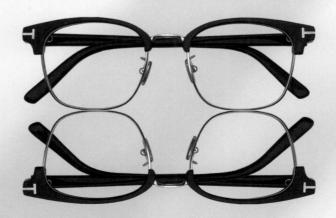

1. 안경 공구

1) 안경 공구 세트

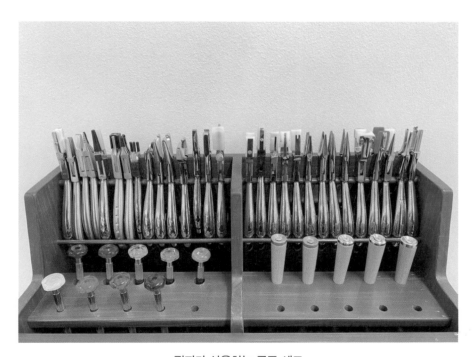

필자가 사용하는 공구 세트

- 일체형 드라이버 −1.5mm(빨강)
- 일체형 드라이버 −2.0mm(파랑)
- 일체형 드라이버 −2.5mm(보라)
- 일체형 드라이버(소) +2.0mm(백색)
- 일체형 드라이버(대) +2.5mm(흑색)
- 무테용 드라이버(노랑)
- 무테용드라이버(육각)(회색)
- 무테용드라이버(육각)(녹색)
- 좁은 평집게
- 니퍼
- 사이즈 테스트 조임 집게(가시메 집게)
- 커브 집게

- 원패드 집게
- 경첩(흰지) 집게
- (코)나사 집게
- 다리 각도 조정 집게
- 휘어진 평면 집게
- 무테 집게
- 엔드피스 집게
- 브릿지 집게
- 스크래치 방지 투패드 집게(패드 파랑색)
- 엔드피스 집게(수직이동)
- 엔드피스 집게(지지대 각도 조정 가능)

2) 피팅 관련된 측정 장비

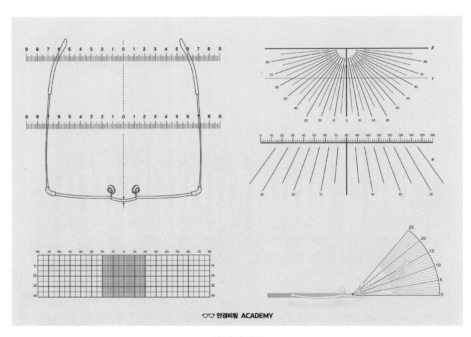

안경피팅판

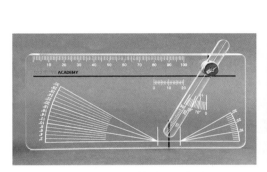

코각도 측정기

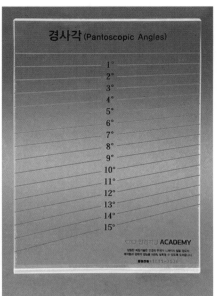

경사각 측정기

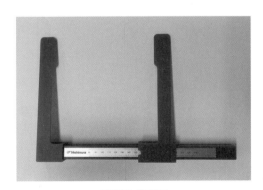

코각도 측정기

코각도 측정기

2. 안경 집게의 종류와 사용 방법

1) 코 받침 지지대 조정 공구(Pad Arm Adjusting Pliers)

평마루집게

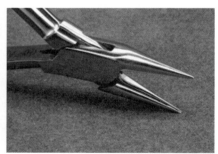

둥근마루집게

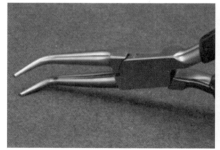

휘어진 둥근집게

코 받침 지지대 피팅

휘어진 평집게

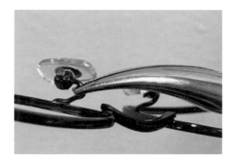

코 받침 지지대 피팅

2) 코 받침 조정 공구(Nose Pad Adjusting Pliers)

코 받침 집게

코 받침 집게 사용

코나사 집게

코나사 집게 사용

하세가와 코받침 집게(다목적)   하세가와 코받침 집게 사용

3) 엔드피스 고정 공구 (Endpiece Holding Pliers)

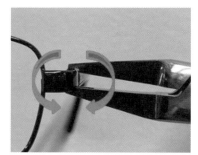

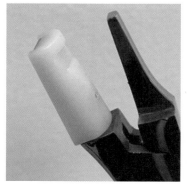

4) 무테용 엔드피스 고정 공구 (Endpiece Holding Pliers for Rimless frame)

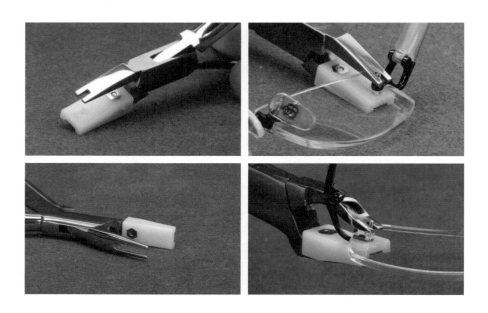

5) 다리 조정 공구 [(뒤틀림 각도)(Temple Adjusting Pliers(Angling)]

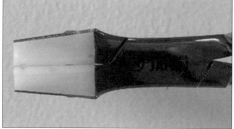

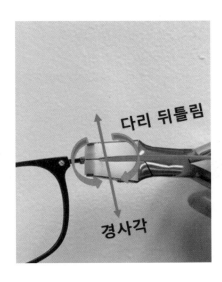

다리 뒤틀림

경사각

👓 6) 다리벌림각 조정 공구(Temple Spread Angle Pliers)

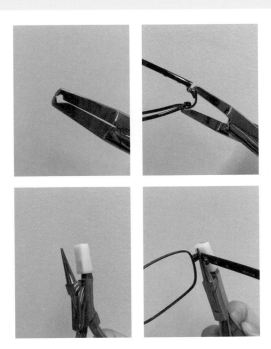

7) 힌지(장석) 고정 공구(Hinge Holding Pliers)

8) 연결부 조정 공구(Bridge Adjusting Pliers)

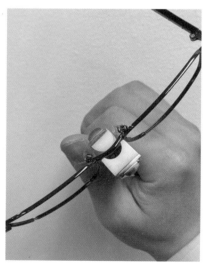

9) 림 조정 공구 (Rim Adjusting Pliers)

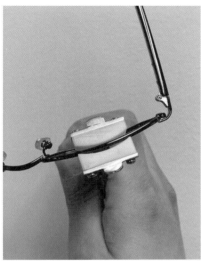

10) 사이즈 테스트 공구 (Size Testing Plier) (가시메(조임) 집게)

3. 안경 피팅 순서

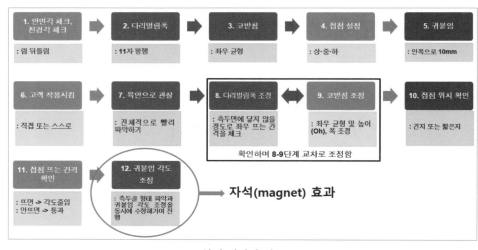

안경 피팅 순서표

위 순서표는 고객에게 편안한 안경을 맞춰주기 위해 안경원에서 필자가 실제로 시행하는 피팅의 방법을 순서대로 나열한 것입니다. 만약에 순서가 바뀌어 피팅을 하게 되면 결과가 다르게 나오거나, 시간이 오래 걸리는 피팅을 하게 됩니다. 특히 초보 안경사들은 꼭 이 피팅 순서를 기억해서 연습하시기를 부탁드립니다.

위 안경피팅 순서표에 해당하는 번호들은 아래와 같은 내용을 의미합니다.

- 1~5번 : 기본 피팅 과정
- 6~7번 : 진단 및 분석 과정
- 8~12번 : 정밀 피팅 과정

이 책에서는 기본 피팅 과정을 의미하는 1~5번의 과정을 간단하게 소개하겠습니다. 안경 피팅 순서 및 자세한 내용은 기존에 출판한【안경 피팅의 정석】을 참고해주시기 바랍니다.

1) 안면각, 전경각 체크

① 안면각 체크

안경을 처음에 피팅하기 시작하면 제일 먼저 살펴봐야 하는 것이 안면각입니다. 안면각(Face form angle, FFA)은 휨각, 전정각 이라고도 불립니다. 안면각이 맞지 않으면 피팅의 후반부로 진행되어도 안경은 전혀 맞지 않게 됩니다. 안면각은 연결부(bridge)를 기준으로 좌우의 균형이 맞아야 합니다.

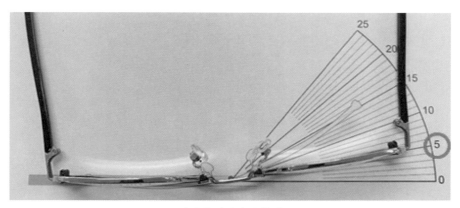

안경테 안면각의 측정
(연결부를 기준으로 왼쪽 전면부를 수평선에 정렬시켰을 때, 우측의 각도가 측정된 안면각(5°)

● 올바른 안면각의 피팅

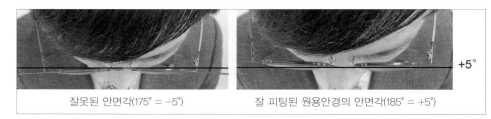

| 잘못된 안면각(175° = −5°) | 잘 피팅된 원용안경의 안면각(185° = +5°) |

안면각의 수정

안면각 체크는 일일이 측정할 수 없으므로 평상시에 진열장에 있는 안경테들의 기본 안면각을 보면서 평균적인 기본각도를 눈에 익히는 것이 중요합니다. 눈으로 이 정도의 각도가 5° 정도 된다는 감각을 익히며 계속 안경테를 보다 보면 내 눈에서 그 각도를 기억하게 됩니다. 기억한 각도를 기준으로 고객들의 착용된 안경을 판단하면 좋습니다. 그래서 항상 내 눈이 각도기가 되어야 한다고 필자는 얘기합니다.

② 전경각 체크

전경각(前傾角, Pantoscopic tilt)이란, 5~10° 하방으로 기울어진 상용시선에 렌즈 주평면을 직교시켜 선명 상을 얻기 위해, 얼굴각과 연직면(세로선)에 같은 양만큼 전방으로 기울어진 각도를 의미하고, 보통 원용안경은 5~10°, 근용안경은 15~25°로 피팅 됩니다.

일반적으로 약 5° 정도 얼굴을 아래로 숙이고(얼굴각, 얼굴의 기울기) 주시점을 보게 되므로, 얼굴의 기울기 5° 정도를 감하여 전경각과 안경테의 경사각 조정을 고려할 필요가 있습니다.

○ **경사각 : 일반적으로 안경테 다리에 대한 전면부(림) 직각면을 기준으로 기울어짐 정도**

안경렌즈가 삽입된 상태에서는 렌즈 주평면을 기준으로 합니다. 통상 일반적인 안경테에 관련되면 이를 경사각이라고 합니다. 렌즈 주평면은 렌즈에 접하는 광축의 수직 직교의 가상면으로, 광학중심높이(Oh)가 정확히 안경테 수직 길이의 중앙에 오면 림면과 주평면은 평행하다고 볼 수 있지만, 일반적인 안경테의 광학중심높이 설계는 중앙보다 위로 설계되기 때문에 림면과 렌즈 주평면이 평행하지 않을 수 있습니다.

○ **다리경사각**(Vertical angle of temple) **: 전면부**(림면)**와 다리가 이루는 각**

안경테 형상에 따라 다리경사각은 약간씩 다릅니다. 전면부와 다리의 부착 위치인 엔드피스가 상부 끝에 부착해 있으면 75~80°, 위쪽에 있으면 80~85°, 정중앙에 있으면 85~90°, 중앙보다 아래쪽에 있으면 90° 이상이 됩니다. 일반적으로 위에서 언급한 경사각과 다리경사각의 합은 90도가 되어야 합니다.

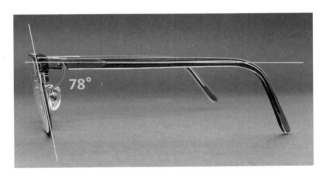

안경 다리가 상부 끝에 부착된 다리경사각(78°)

○ **전경각 : 사람의 착용-자세 습관과 얼굴 골격구조에 의해 안경을 착용하였을 때 연직면**(가상의 세로선)**에 대한 렌즈 주평면의 기울어짐 정도**

최근 다양한 디지털 측정기기로 측정하여 개인맞춤 안경렌즈를 주문할 때 입력하는 경사각이 전경각입니다. 사람의 얼굴 형태와 자세 습관에 따라 직접 안경을 착용하고 렌즈 주평면의 기울어진 정도를 측정한 전경각을 경사각 주문창에 입력해줘야 합니다.

👓 2) 다리 벌림폭

　다리 벌림폭은 얼굴 유형에 따라 11자형, 커브형(라운드형). 사다리형으로 크게 3가지로 분류할 수 있습니다. 고객의 얼굴 유형이 3가지 중에 어떤 형태인지 구분해서 시작하는 것이 제일 중요합니다.

　평소에 고객들이나 사람들을 보면서 얼굴 유형과 벌림폭이 어떤 형태인지 보고 판단하는 노력을 해야 합니다.

　예를 들어, 다리 벌림폭이 11자인 사람들에게 커브형의 피팅을 하면 안경이 떠 있는 느낌이 들고 불안한 상태이며 고객이 안정감을 느낄 수가 없고, 귀 뒷부분의 맞춤각이 커져서 뒷부분의 과도한 압박을 느낄 수 있습니다. 반대로 커브형의 얼굴에 11자의 형태로 맞추면 옆 관자놀이에 압력이 가해져 아프거나 염증이 발생하고, 두통을 유발할 수 있으며 안경테 도금이 빨리 벗겨져서 클레임률이 높아지게 됩니다. 또한 귀 뒤 맞춤각이 떠서 안경 고정이 잘 안 되고 결국은 옆 부분의 압력으로만 안경을 착용하게 됩니다.

　다리 벌림폭 피팅을 잘 하기 위해서는 11자 형의 평행을 유지할 수 있는 연습을 평상시에 많이 해야 합니다. 11자형을 부가적으로 설명하면, 우리 얼굴은 대부분 뒤쪽으로 갈수록 조금씩 넓어지는 경우가 대부분입니다. 그래서 대부분의 벌림폭은 표준 크기의 전면부를 기준으로 95° 정도의 각도로 벌려주는 것이 11자 평행형태의 다리 벌림폭이 됩니다. 고급 피팅은 항상 마찰력과 압력을 이용해야 한다는 것을 명심하고, 마찰력을 발생시키기 위해서는 가장 기본적인 피팅이 11자 형태로 다리 벌림폭을 맞추는 것임을 반드시 기억해야 합니다.

11자형   커브형   사다리형

얼굴 유형에 따른 다리 벌림폭

3) 코 받침

● 좌우 균형

초보 안경사들이 가장 어려워하는 피팅 중의 하나가 코 받침일 것입니다. 코 받침 피팅에서 가장 중요한 점은 좌우 균형 입니다. 코 받침 각도가 조금 틀어져도 크게 문제 되지 않습니다. 왜냐하면, 코 받침 상자에서 약간의 유격(5도)이 있으므로 어느 정도 보완이 됩니다.

코 받침의 위치는 림과 약 1mm 정도 튀어나와 보이는 정도가 적당합니다. 좌우 코 받침의 상하 위치는 항상 같아야 하고, 높이와 각도를 세심하게 조정하여 좌우 균형이 바르게 보여야 합니다.

고객의 코를 관찰하여 피팅을 할 때, 본인이 생각하는 코 받침 옆퍼짐각(코 뼈에서는 알파각, α), 코 받침 경사각(코 뼈에서는 베타각, β), 코 받침 능각(코 뼈에서는 감마각, χ)의 각도가 항상 일정하고 균일하게 나올 수 있도록 연습해야 합니다. 자기만의 표준 알파, 베타, 감마 각도를 만드는 연습을 꾸준히 해보시기를 바랍니다. 그 연습만으로도 어떤 안경테에서 피팅을 해도 코 받침 각도가 일정하게 나오면 어느 정도 피팅은 가능한 수준이라고 할 수 있습니다.

코 뼈의 3가지 각도와 이에 대응하는 코 받침 각도를 아래에 나타냈으니 참고하시기 바랍니다.

● 코 뼈의 각도

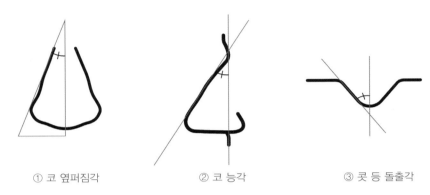

① 코 옆퍼짐각　　　　　② 코 능각　　　　　③ 콧 등 돌출각

코 뼈 명칭	코뼈 각도	코받침 명칭
① 코 옆퍼짐각(Frontal Angle)	α(알파)각	코받침 옆퍼짐각(Frontal Angle)
② 코 능각(Splay, Tranverse Angle)	γ(감마)각	코받침 능각(Splay Angle)
③ 콧등 돌출각(Crest Angle)	β(베타)각	코받침 경사각(Vertical Angle)

코 뼈의 각도와 그에 대응하는 코 받침 각도의 명칭

4) 접점 설정

　안경테 다리 팁이 귀 상단의 닿는 부위를 설정하는 접점 설정은 안경이 흘러내리지 않게 피팅하기 위해 가장 중요한 과정입니다. 사람의 얼굴을 보면 접점까지의 길이가 긴 사람, 평균인 사람, 짧은 사람이 있습니다. 이렇게 상, 중, 하 3가지로 평상시에 연습해야 합니다. '길다, 짧다'는 사람마다 기준이 다르기 때문에 자기만의 기준으로 '길다, 짧다'를 빨리 정립해야 합니다.

　접점 설정 연습 방법은 어떤 고객의 접점 길이를 보고 길다고 생각되면 나만의 기준으로 먼저 안경테의 길이를 구부려서 씌워보는 것입니다. 만약에 그것의 길이가 길면 자기의 기준 길이가 짧은 것이고, 짧다면 자기 기준 길이가 긴 것입니다. 이렇게 연습하다 보면 자신만의 길이에 대한 정확한 기준이 생기게 됩니다. 그 기준이 생기면 손님의 얼굴만 봐도 대충 접점의 위치를 먼저 설정해서 피팅의 시간과 정확도를 높일 수 있습니다.

접점의 길이가 길다는 기준은 보통 100mm이상, 평균을 90~100mm 사이, 짧다는 기준을 90mm 이하로 생각하는 것이 적당합니다. 요즘은 접점 길이가 100mm 이상 되는 고객도 가끔 있습니다.

접점까지의 길이를 관찰한 후 안경테 다리를 구부리는 구부림(bending)을 해야 합니다. 구부림은 귓바퀴 정점 후방 2~3mm 부위에서 실시해야 적절한 맞춤이 가능합니다. 너무 뒤에서 구부리면 접점이 길어 안경테가 흘러내리고, 너무 앞에서 구부리면 접점이 짧아 안경테는 위로 들뜨고 귓바퀴에 누르는 압력이 발생하여 통증을 유발합니다.

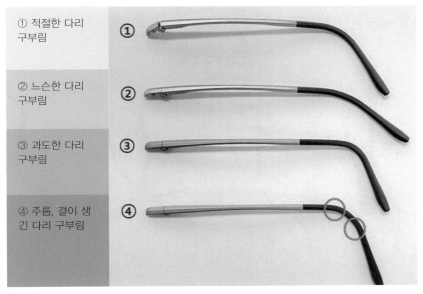

안경테 다리 구부림 유형

▱▱ 5) 귀붙임

　귀붙임(=귀맞춤각, 뒷붙임)은 안경의 마찰력을 높여서 안정된 고정감을 줄 수 있는 최고의 피팅 기술입니다. 어떻게 보면 피팅의 마지막 단계이면서 수준 높은 피팅을 구사할 수 있는 고수들의 테크닉으로 볼 수 있습니다. 요즘 이 부분의 피팅을 고려하는 안경사들이 적은 것 같습니다. 수준 높은 피팅을 하고 싶다면 귀붙임 역시 평상시에 많은 연습을 해야 합니다.

　귀붙임의 기본 형태는 안쪽으로 10mm 정도 붙이는 것입니다. 사람들의 두상은 안쪽으로 조금씩 들어가 있어서 평균적으로는 10mm 정도만 붙여주면 고정이 됩니다.

　귀붙임에는 측두골의 형태에 따라 일반형, 편평형, 함몰형, 돌출형 등 4가지로 나뉘게 됩니다. 이 중에서 함몰 형태의 귀붙임은 연습을 많이 해야 합니다. 진정한 피팅 전문가라면 이 4가지 형태의 귀붙임을 능수능란하게 할 수 있어야 합니다.

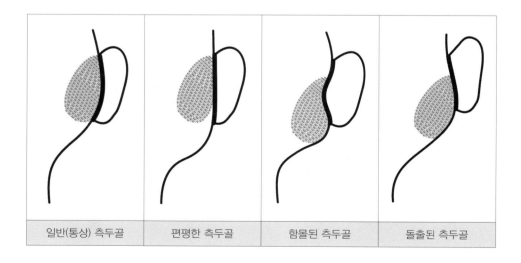

일반(통상) 측두골	편평한 측두골	함몰된 측두골	돌출된 측두골

지금까지 소개된 '1)~5)'까지의 피팅과정이 기본 피팅에 관련된 내용입니다. 고객에게 안경을 장용시키기 전에 기본 조건을 같게 만드는 과정이라고 볼 수 있습니다. 이 과정을 통해 정확한 기준만 설정할 수 있다면, 뒷부분의 과정은 아주 쉬울 것입니다. 그만큼 '1)~5)'까지의 기본 피팅에 대해 많은 연습이 필요합니다.

미소 짓지 않으려거든 가게 문을 열지 말라.

-유태인 속담-

자기에게 이로울 때만 남에게
친절하고 어질게 대하지 말라.
지혜로운 사람은 이해관계를 떠나서 누구에게나
친절하고 어진 마음으로 대한다.
왜냐하면 어진 마음 자체가
나에게 따스한 체온이 되기 때문이다.

-파스칼-

너그럽고 상냥한 태도, 그리고 사랑을 지닌 마음,
이것은 사람의 외모를 아름답게 하는
말할 수 없는 큰 힘인 것이다.

-파스칼-

Chapter.5

부록

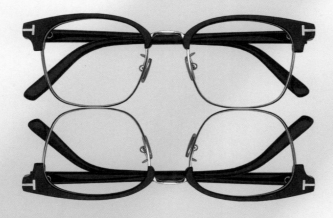

1. 경청

👓 ❶ 경청의 의미

상대의 말을 듣기만 하는 것이 아니라, 상대방이 전달하고자 하는 말의 내용은 물론이며, 그 내면에 깔려 있는 동기나 정서에 귀를 기울여 듣고 이해된 바를 상대방에게 피드백하여 주는 것을 말한다.

● 경청(傾聽 / 기울경, 들을청)

'聽'

耳 + 王 + 十 + 目 + 一 + 心

왕과 같은 귀, 매우 커다란 귀로 들을 때 상대의 이야기를 집중해서 들어야 한다. 열 개의 눈, 완벽한 눈, 마음의 눈으로 상대를 집중해서 바라보는 것, 하나의 마음으로 들을 때는 상대의 마음과 하나가 되어야 한다.

❷ 경청의 장애 요인

- 들으면서 다른 생각을 한다.
- 선입견을 가지고 듣는다.
- 상대의 잘못된 점을 지적하고 판단에 열중한다.
- 듣기보다 말하기를 선호한다.
- 메시지 내용에 대한 무관심

❸ 효과적인 경청을 위한 방법

- 말하지 말고 말하는 사람에게 동화되도록 노력한다.
- 질문하라, 전달자의 메시지에 관심을 집중시킨다.
- 진정으로 듣기 원하는 것을 보여주어라. 인내심을 가져야 한다.
- 산만해질 수 있는 요소를 제거, 메시지의 요점에 관심을 둔다.
- 동의할 수 있는 부분을 찾아 온몸으로 맞장구를 쳐야한다.

❹ 다양한 경청 기법

① 경청 1, 2, 3 기법

자신은 1번 말하고 상대의 말을 2번 들어주며, 대화 중에 3번 맞장구치며 대화한다.

② 공감적 경청 B.M.W

- Body(자세) : 표정이나 눈빛, 자세나 움직임을 상대에게 기울인다.
- Mood(분위기) : 말투나 음정, 음색, 말의 빠르기, 높낮이를 고려한다.
- Word(말의 내용) : 상대를 존중하고 상대가 원하는 것이 무엇인지 집중하여 경청

한다.

③ 적극적 경청

- 상대방의 입장을 이해하면서 듣는다.
- 상대방의 이야기를 속단하여 판단하지 않는다.
- 이해하지 못한 부분이 있다면 질문을 통해 이해한다.
- 상대방의 이야기를 중도에 끊거나 가로채지 않는다.
- 상대방의 이야기에 끄덕이거나 몸을 기울이는 등의 적극적인 태도를 취한다.
- 상대방의 이야기에 메모하는 모습을 보인다.

④ 경청 Family 법칙

- Friendly : 친절하게 경청
- Attention : 집중하며 경청
- Me, too : 공감하며 경청
- Interest : 관심하며 경청
- Look : 바라보며 경청
- You are centered : 상대를 중심으로 경청

2. 말하기 스킬

(1) 신뢰화법

상대방에게 신뢰감을 줄 수 있는 대화는 말 어미의 선택에 따라 조금씩 달라질 수 있다.

- 다까체 : ~입니다. ~입니까?
- 요조체 : ~에요. ~죠?
- 다까체 70% + 요조체 30%가 적절함.
- 예 : A는 B죠? → A는 B입니까?

(2) 쿠션화법

부탁하거나 양해를 구해야 할 때 미안한 마음을 먼저 전하여 상대방이 받는 충격을 줄일 수 있는 완충작용을 하여 감정과 의사를 전달하는 표현이다.

예) 실례합니다만, 죄송합니다만, 번거로우시겠지만, 괜찮으시다면, 바쁘시겠지만 등

(3) 레어드화법

사람은 "~이렇게 해"와 같은 명령조의 말을 들으면 반발심이나 거부감이 들 수 있다. 의뢰나 질문 형식으로 바꾸어 말하면 거부감을 줄일 수 있다.

예) ~해 주시겠습니까?

(4) 긍정화법

- 부정적 표현보다 긍정적 표현, 긍정적인 부분을 강조한다.
- 긍정적인 내용을 먼저 이야기하고 나중에 부정적인 것을 말한다.

예) 기다리게 해서 죄송합니다 → 기다려 주셔서 감사합니다.

~는 안됩니다 → ~하면 가능합니다.

(5) 질문기법

- 효과적인 질문은 고객의 심리적 방어를 해소한다.
- 상대방의 의견 및 이야기를 많이 듣기 위해서 질문요령이 필요하다.
- 주의 깊은 질문을 통해 교감을 느끼게 하고 참여시켜서 상대방의 마음을 열게한다.
- 질문에 대해 상대방이 답을 하면서 스스로 설득이 된다.

▶ 과거 질문은 미래 질문으로

"왜 문제가 발생했나요?" → "어떻게 하면 해결할 수 있을까요?"

▶ 부정 질문은 긍정 질문으로

"무엇이 학실하지 않은 거죠?" → "확실한 점은 무엇입니까?"

▶ 폐쇄형 질문('네, 아니요'의 대답이 가능)은 개방형 질문으로

"이 제품을 사용해 보시니 좋으셨습니까?" → "이 제품을 사용해 보시니 어떠셨습니까?"

① 개방형 질문 : 고객이 자유롭게 의견이나 정보를 말할 수 있도록 묻는 질문기법

구분	세부내용
장점	• 고객의 마음에 여유를 가질 수 있음 • 고객이 자유롭게 자신의 의견을 표출할 수 있음 • 고객이 적극적으로 이야기함으로써 고객의 니즈를 파악할 수 있음 • 고객이 지각하는 범위를 넓히고 태도, 생각, 느낌 등을 물을 수 있음
단점	• 제시된 보기를 선택하는 것이 아니므로 시간이 오래 걸림 • 개방형 질문이 많으면 설문이 길어지고, 대답할 용기를 잃게 되면서 심리적 반발이 생길 수 있음
예시	• 무엇을 도와드릴까요? • 결혼 생활에서 어떤 어려움이 있나요? • 회사 서비스를 이용해 보시닌 어떠셨습니까?

② 선택형 질문 : 고객에게 "네/아니오"로 대답하게 하는 질문기법

구분	세부내용
장점	• 단순한 사실, 또는 몇 가지 중 하나를 선택하게 하여 고객의 욕구를 파악 • 고객의 니즈에 초점 • 화제를 정리하고 정돈된 대화 가능
단점	• 고객이 대답할 수 있는 방법이 제한되기 때문에 고객에 대한 이해 폭 좁힘 • 어쩔 수 없이 하나를 고르게 함으로써 조사자의 편의가 있을 수 있으나 고객의 의중을 파악하기 어려움 • 신뢰성과 타당성을 검토한 정밀한 사전 감사를 거쳐야 함
예시	• ~이 언제부터 안되었습니까? • 한식과 양식 중 어떤 것을 선택하시겠습니까? • 승합차를 원하십니까? 아니면 승용차를 원하십니까? • 자녀의 학교에서 체벌을 많이 하나요?

③ 확인형 질문 : 고객의 입을 통해 확인받는 기법으로 상대의 말을 반문하면서 확인하는 질문기법

구분	세부내용
장점	• 고객의 답변에 초점을 맞춘다. • 고객의 니즈를 정확하게 파악할 수 있다. • 처리해야 할 사항을 확인받을 수 있다.
단점	• 고객이 지루하게 느낄 수 있다. • 고객의 말을 반문하며 확인하는 듯이 느낄 수 있다.
예시	• ㅇㅇㅇ을 전달해 드릴 주소는 어떻게 되는지 말씀해 주시겠습니까? • 고객님의 연락처는 어떻게 되세요? • 주문 내역이 ～가 맞습니까?

(6) 고객 유형별 상담 기법

고객 유형	상담 기법
빈정거리는 고객	• 대화의 초점을 주제 방향으로 유도하여 해결에 접근할 수 있도록 하며 자존심을 존중
우유부단한 고객	• 인내심을 가지고 천천히 응대. 개방형 질문 • 여러 가지 선택 사항 중에서 선택하도록 함 • 여러 가지 의사 결정 과정을 안내
거만한 고객	• 비위를 잘 맞추어 주면서 빨리 결정하고 해결할 수 있도록 함 • 고객에게 따지거나 가르치듯이 하는 것은 금물 • 칭찬해 주거나 맞장구 치면서 상담함
무리한 요구를 하는 고객	• 고객이 무리한 요구를 하고 있음을 납득할 수 있도록 차근차근 설명
성격이 느긋한 고객	• 강매가 되지 않을 정도로 1～2가지 상품을 골라 권하지 않으면 더 오랜 시간이 걸릴 수 있음
아는 체하는 고객	• 비위를 잘 맞추면 비교적 빨리 의사결정을 함 • 고객을 가르쳐 주는 식은 금물
말이 많은 고객	• 경청한다는 것을 느낄 수 있도록 맞장구가 필요 • 때때로 포인트를 확인하고 주도권을 잡음 • 정면충돌은 피하도록 주의

(7) 고객 상황별 상담 기법

고객 유형	상담 기법
고객이 말이 없을 때	• 편안한 분위기를 조성. "천천히 둘러보세요."라고 한 후 아이컨택(Eye contact) • "Yes, No"로써 대답할 수 있는 선택형 질문 등으로 고객 기호를 파악
상품을 물끄러미만 볼 때	• 무분별한 호객행위 보다는 아이컨택을 함 • 관심 있는 부분에 대해서 설명 • 고객의 행동보다 한 단계 앞선 질문을 함
가격이 비싸다고 할 때	• 가격에 대해 인정한 후 제품 효과와 다른 제품과의 차이점을 설명
동행의 경우	• 동행도 접객의 범위로 들어 올 수 있도록 함
고객이 망설이고 있을 때	• 고객의 기호를 파악한 후 상품을 권하는 것이 좋음
고객이 변덕스러울 때	• 고객의 기호를 파악한 후 한 종류의 상품을 자신을 갖고 권함
고객이 의심이 많을 때	• 대충적인 설명을 피하고 자신을 갖고 확실하게 설명

3. 서비스 회복

- 서비스 회복이란 서비스 실패에 대응하여 조직이 취하는 조치이다.
- 서비스 실패는 고객에게 부정적 감정과 반응을 일으킨다.
- 서비스 실패를 경험했지만 기업의 서비스 회복 노력으로 만족한 고객은 문제가 해결되지 않은 고객들보다 애호도가 높다.
- 불평을 하고 그들의 문제가 빨리 회복된 고객은 불평이 해결되지 않은 고객들보다 재구매 가능성이 높다.

● 서비스 회복 시 고객 응대 방법

고객불만 표출 단계	대응 방법
분노 단계	자상하게 도움을 주며 공감할 것, 감정을 읽고 개방적으로 경청할 것, 너무 말을 많이 하거나 변명을 늘어놓지 말 것
흥분 단계	고객을 자극하지 말 것, 자기 감정을 잃지 말고 개인적 감정 싸움으로 비화하지 말 것, 자제할 것
진정 단계	다시 감정을 자극할 말을 삼갈 것, 고객에게 이겼다는 자세를 취하지 말 것, 고객의 감정적 소진을 이해할 것, 반드시 확실한 문제해결을 약속할 것
미안해하는 단계	직업 정신을 발휘하여 끝까지 합리적으로 행동할 것, 고객이 미안하지 않게 마무리할 기회를 줄 것

*출처 : 서비스 품질경영, 원석희, 형설, p.99.

● 효과적인 서비스 회복 프로세스(Zemke, R., 1993)

- 1단계 : 고객이 불편을 겪고 있다는 사실에 대해 사과하거나 이를 인정하라.

- 2단계 : 고객의 말을 경청하고 고객의 상황을 이해(감정이입)하며, 의견을 구하는 질문을 구하라.

- 3단계 : 문제에 대해 공정한 해결 방안을 제시하라.

- 4단계 : 고객의 불편 혹은 손상에 대해 가치부가적인 보상을 제공하라.

- 5단계 : 약속한 바를 지켜라.

- 6단계 : 사후관리를 시행하라.

● 서비스회복 프로세스

- 사과 및 인정 → 경청, 감정이입, 질의 → 신속하고 공정한 문제해결 → 보상 → 추적 → 약속이행

4. 불만고객 응대법

1. 불평 고객의 중요성

(1) 불평하는 고객에게 감사해라

- 불만고객이 100%라 했을 때 기업에 직접 항의하는 고객은 6%이다.
- 친한 친구나 가족, 동료에게 험담이나 입소문을 내는 경우는 31%에 불과하지만 63%나 되는 불만 고객이 침묵한다.

2. 불만 고객 응대법

(1) 불만 고객 5가지 처리 원칙

① 피뢰침의 원칙 → 회사와 조직에 상처 입지 않기
- 고객은 나에게 개인적인 감정이 있어서 화를 내는 것이 아니다.
- 일 처리에 대한 불만으로 복잡한 규정과 제도에 대해 항의하는 것이다.

② 책임 공감의 원칙 → '나의 일이 아니다.' 하여 다른 부서로 떠넘기는 행위 금지
- 고객의 비난과 불만이 나를 향한 것이 아니라고 하여 고객의 불만족에 대해서

책임이 전혀 없다는 말이 아니다.
- 우리는 조직구성원의 일원으로서 내가 한 행동의 결과이든 다른 사람의 일처리 결과이든 고객의 불만족에 대한 책임을 같이 져야만 한다.

③ 감정 통제의 원칙 → 감정에 의한 일 처리 금지
- 사람을 만나고 의사소통하고 결정하고 집행하는 것이 직업이라면 사람과의 만남에서 오는 부담감을 극복하고 자신의 감정까지도 통제할 수도 있어야 한다.

④ 언어 통제의 원칙 → 고객 이야기 많이 들어주기
- 고객보다 말을 많이 하는 경우 고객의 입장보다는 자신의 입장을 먼저 고려하게 된다.
- 고객의 말을 많이 들어주는 것만으로도 고객들이 돌아가면서 좋은 느낌을 가지고 가는 것이다.

⑤ 역지사지의 원칙 → 고객입장이 되어주기
- 고객을 이해하기 위해서는 반드시 그의 입장에서 문제를 바라봐야 한다.
- 고객은 자신에게 관심을 가져주는 사람에게 관심을 가져 준다.

(2) 불만고객 기본 프로세스

● 5단계
- 1단계 : 주의 깊은 경청과 공감 표현
- 2단계 : 컴플레인의 내용을 정확하게 질문 및 기록
- 3단계 : 고객에게 컴플레인을 이해하였음을 표현
- 4단계 : 해결방안 모색 및 고객의 동의
- 5단계 : 컴플레인에 대하여 감사 표현으로 진행

● 고객을 더 화나게 하는 응대

• 고객화 함께 흥분하기(고객 가리츠기)

  "고객님, 제가 그런 뜻으로 말씀 드린 건 아니잖아요~"

• 고객 의심하기

  "고객님 말씀이 정 그러시다면, 우선 제가 확인해 보고 ~"

• 정당화 하기(회사 규칙상)

  "저희로서도 어쩔 수 없는 부분이기 때문에~"

• 개인화 하기(책임회피)

  "누가 처리했는지 모르겠지만, 제가 생각하기로는~"

• 고객무시(밝혀내기)

  "지금 확인해 본 결과, 고객님이 ~(내용) 말씀하신건~"

• 사과만 하기

  "죄송합니다"만 되풀이 하고 대안을 제시 안한다.

• 고객을 인터뷰하기

  "영수증은 어디있죠? 성함은 어떻게 되시죠?"

  "이 상품 언제 구입한 거죠?"

• 암묵적으로 거절하기

  말로는 "네. ~고객님 죄송합니다."하면서 표정은 일그러져 있다.

• 아무 반응도 보이지 않기(사후 처리)

  "약속 불이행 시~"

5. 고객의 마음을
사로잡는 기술

안경을 고객에게 맞춰주는 과정에는 많은 요소들이 필요합니다. 검안(vision test) 이라고 하는 눈과 시력에 관련된 전문적인 내용도 필요하고, 고객에 꼭 맞는 안경 테, 안경렌즈를 권할 수 있는 상품지식도 필요하고, 사람과의 대화를 통해 물건을 판매해야 해서 적절한 화법도 필요합니다.

안경사 = 검안 + 조제 + 피팅 + 판매 + 상담

이 챕터에서는 안경원에서 유용하게 사용할 수 있는 "고객의 마음을 사로잡는 기술"에 대해 말씀드리고자 합니다. 꼭 안경사가 아니더라도, 장사를 하는 사람에게는 꼭 필요한 내용일 것 같습니다.

30여년 안경에 관련된 임상, 장사를 하면서 저도 나름대로 많은 것을 경험하였지만, 제가 하는 것들이 "이렇게 하면 고객들이 좋아하고, 신뢰를 하는데 이게 맞나?" 하는 의구심들이 있었습니다. 본격적으로 공부를 하고 책을 찾아보고 내용을 정리하다 보니 대부분 비슷한 생각들을 하고, 적절한 용어를 사용하여 안내를 할 뿐 대부분의 방법들이 제가 경험했고 지금도 실제로 사용하고 있는 방법들이었습니다.

이 책을 통해 이번 기회에 "고객의 마음을 사로잡는 기술"이라는 제목의 방법들을 안내하고, 부디 안경사 또는 장사를 꿈꾸거나, 일을 하는 도중에 비슷한 고민을 해 보신 분들에게 조금이나마 도움이 되셨으면 합니다.

고객과의 커뮤니케이션은 크게 2가지로 나눌 수 있습니다.

설명 VS 설득

세일즈를 할 때 물건을 판매할 때 이 물건이 어떻게 좋은지, 왜 고객이 구매를 해야 하는지, 구매하셨을 때 이점이 어떻게 생기고 내 환경이 변화하는지에 관련하여 자세하게 내용을 어필할 것입니다.

하지만 곰곰이 이러한 세일즈를 잘 보면 재미있는 것이 있습니다.

대부분 사람들은 설명을 설득하는 것이라고 착각하고 있어요. 제품에 대해 정보를 설명하는 것을 가지고 제품을 구매해야 한다고 설득한다고 착각하고 있다는 얘기입니다. 거의 설명만 합니다. 설명만 잘하면 고객의 마음을 사로잡을 수 있을 거라 생각하는 데 아닙니다. 결코 그렇지 않습니다.

설명과 설득의 차이가 무엇일까요?

설명(說明 / 말씀 설, 밝을 명)의 명은 밝은 명(明)을 씁니다. 말로 어두운 것을 밝게 만든다는 뜻입니다. 지식이 없는 사람에게 지식을 가르쳐 어두운 곳을 밝게 만들고, 어두운 사람들을 밝은 곳으로 인도하는 것을 의미합니다. 이 설명에는 지식이 필요합니다. 그래서 공부를 잘하는 사람들은 설명을 곧 잘합니다. 지식이 많아야 설명을 잘하고 이해를 시킬 수 있기 때문입니다.

설득(說得 / 말씀 설, 얻을 득)은 말로 이득을 얻는 행위를 의미하고, 특히 부정적인 것을 긍정적인 것으로 바꾸는 것을 의미합니다. 바로 나와 반대 의견을 가지고 있는 사람을 내 편으로 만드는 것입니다.

이 설득에는 사실 그대로 거짓 없는 진심이 담긴 마음이 들어가야 합니다. 이것은 마음을 바꾸는 것이기 때문에 훨씬 어렵습니다. 어려운 기술이지만 장사하는 사람은 설득을 잘해야 합니다. 대부분 직원이나 장사꾼은 설명만 합니다. 사람을 현혹하는 사기꾼들은 설득을 잘할 수도 있습니다. 하지만 진실이 아닌 거짓이 담겨있기 때문에 장사하는 사람과는 거리가 먼 얘기입니다.

물론 설명을 잘해서 이해시키면 내 편으로 올 수도 있습니다. 하지만 설명만 하면 고객은 고민하게 되기 때문에 내 편으로 오기가 쉽지 않습니다.

- **장사의 하수 : 설명만 하는 사람**
- **장사의 고수 : 설명 + 설득을 하는 사람**

어설프게 장사하는 사람들은 설득이 어렵기 때문에 설득을 못 하는 것입니다. 고객 처지에서 생각해 보면 당연한 생각입니다. 처음 안경원에 오는 손님들의 마음은 어떤가요? 저희를 의심부터 할 것입니다. '여기 잘 할까? 나한테 비싸게 팔지 않을까?' 이러한 부정적인 생각들을 하면서 우리를 바라보게 됩니다. 그만큼 설득이 꼭 필요하고 중요합니다. 왜? 고객의 마음을 이해하고 설득해서 움직여야 하니까요.

설명의 힘? 이런 말이나 관련된 책들이 많이 있나요?

설득의 힘! 설득에 관련된 책은 많고, 세일즈 마케팅의 기본이며 사원들에게 지속적인 시뮬레이션을 하면서 나를 설득해 보라고 연습하기도 합니다.

마음이 이동한다는 것은 고객 입장에서 무언가를 선택할 때 가치관, 고정관념이 변해야 하는데 얼마나 어려운 과정이겠습니까. 내가 강제로 바꾸는 것이 아니라 설득으로 고객 스스로 마음이 움직이게 하는 것입니다. 이것이 제가 말하는 장사에서 필요한 설득의 힘입니다.

설득의 힘 = 불신하는 마음을 긍정의 마음으로 고객 스스로 움직이게 하는 힘

　　이러한 설득의 힘처럼 "고객의 마음을 사로잡는 기술"에는 여러 가지 방법이 있습니다. 여러 책을 읽어보면서 제가 정리하고, 여러분에게 꼭 소개하고 싶은 내용을 이 책을 통해 알려 드리고 싶습니다.

[고객의 마음을 사로잡는 기술 8가지 방법]

1. 산꼭대기에서 데리고 내려오기
2. 휴리스틱
3. 구체화
4. 뒤집기
5. Zero cost
6. 군중이용
7. 매도하기
8. 질문하기

　　　　　　　　　　　※ 참고서 : 《팔지마라 사계하라》

⬤⬤ 1. 산꼭대기에서 데리고 내려오기(bringing them back off the mountain)

안경테 또는 안경렌즈를 추천하다 보면 종류가 다양하고, 투명한 렌즈 같지만 등급에 따라 금액도 천차만별로 올라가게 됩니다. 개인 사정에 맞게 결정하는 고객이 절반 이상이지만, 추천받거나 또는 누가 대신 구매해주거나, 비싼 게 좋은 거라는 생각으로 점점 비싼 제품을 보다가 정작 마음이 붕 뜨고 결정에 문제가 생긴 고객을 산꼭대기에서 데리고 내려와야 합니다. 즉, **더 비싼 제품을 보고 고민하는 적절한 순간에 구매를 제어해줘야 판매에 성공한다는** 내용입니다.

이 기술은 세일즈의 기본이며, 특히 안경사가(판매자가) 고객에게 비싼 제품, 마진이 많이 남는 제품을 판매하지 않고 사정을 고려하는 "나는 고객 편입니다"로 인식하게 만드는 방법입니다.

> "이번에는 이렇게 비싼 렌즈 안하셔도 될 것 같습니다. 이번엔 이 정도면 충분합니다. 이보다 좋은 제품은 다음에 도수가 좀 더 올라갔을 때 구매하셔도 될 것 같습니다."

고객의 부정적인 의심을 풀게 하고, 장사꾼이라는 생각이 들지 않게 하고, 직원은 신뢰를 얻어 이 안경원에서는 믿고 안경을 해도 되겠다는 확신을 줄 수 있게 하는 기술입니다.

안경사 여러분, 여러분들은 현재 안경업을 하면서 어떠한 기술이 부족하다고 생각하시나요?

검안, 조제, 상품지식 등 여러 종류가 있고, 그래도 본인의 부족함을 알고 노력하여 책을 보고 기술에 정진하는 분은 성공할 확률이 높으신 분입니다. 제가 안경원에서 직원들과 같이 근무를 해보면 대부분 기술은 가르치면 금방 실력이 느는데, 세일즈-커뮤니케이션 스킬을 저도 잘 몰라서 가르치기도 어렵고, 직원들은 오히려 이 기술들이 중요한지도 몰라서 공부의 필요성에 대해 의구심을 품게 됩니다. 물론 안경사의 기본인 검안도 중요하고 여러 가지도 중요하겠지만, 한국의 안경원은 외국의 검안사(Optometrist)처럼 눈 검사만 하더라도 일정 검사 비용을 지불하는 시스템과는 달리, 물건을 판매하지 못하면 이익이 발생하지 않는 장사의 구조이기 때문에 아무리 검안을 잘한다고 해도 세일즈-커뮤니케이션 스킬이 없다면 이익이 전혀 발생하지 않는 결과를 낳게 됩니다.

세일즈-커뮤니케이션 스킬이라는 용어를 사용하지만, 엄밀히 말하면 "사람의 마음을 헤아리는 기술"입니다.

이 주제에서 벗어날지는 모르지만 물론 고민 없이 제일 비싼 렌즈, 제일 좋은 안경테를 원하시는 고객분들도 있습니다. 또한 가장 어려운 것은 "적절한 상황에 맞게, 고객의 반응을 보며 결정"입니다.

성능이 좋은 수입 누진다초점렌즈를 맞추고 싶어하는 고객분이 일반형, 고급형, 최고급형의 금액을 보고 고민을 시작하시고, 특히 최고급형과 고급형의 차이를 물어보신다면 최고급형을 하고 싶으나 금전적인 부담으로 망설이는 분이라는 것을 알 수 있습니다.

가장 많이 실수하는 것은 최고급형을 고객님의 지갑 사정선까지 할인해주는 것이고, 또는 원하시는 것 알아서 결정하시라는 것도 전문 안경사 컨설턴트라고 보기 어려운 자주 하는 실수입니다.

도저히 금액이 맞지 않는 상황에서 현명한 안경사라면 고객의 처방 도수와 생활환경을 고려하면 "이번에는(이번 까지는) 고급형을 해도 (충분히) 적응이 가능할 것 같습니다. 다음에 도수가 올라가면 최고급형을 맞추시면 될 것 같습니다. 다음에 오시면 조금 더 신경 쓰도록 메모해 놓겠습니다." 이렇게 저는 당신 편이고, 앞으로 일어날 시력변화에 대해 안내를 하고, 다음 방문 예정일과 재방문시 혜택에 대해서도 언급해주는 "사람의 마음을 헤아리는 기술"을 사용하시기 바랍니다.

이러한 "산꼭대기에서 데리고 내려오기" 기술은 주로 클로징 멘트를 할 때 사용을 하니, 상황에 맞게 적절하게 써보시기 바랍니다.

2. 휴리스틱(Heuristic, 신속하게 상식의 틀 안에서 어림짐작 결정하는 기술)

이것의 우리에게 익숙한 '상식'을 기초로 무의식적으로 빨리 결정할 수 있도록 도와주는 것을 의미합니다.

상식의 틀 안에서 고객에게 권한다면 고객은 거절하기 어렵다. 이러한 기술은 안경을 맞추는 금액이 다소 부담스러울 때 사용하면 좋은 기술입니다.

안경구매를 하시는 고객분들의 가격 만족을 여쭤보면 "다소 비싸다"라는 대답을 흔히 볼 수 있습니다. 전국에 10,000개가 넘는 안경원에서 자율경쟁을 하는 이 시점에서 특별히 안경테, 안경렌즈 금액을 비싸게 판매하기에는 어렵습니다.

'금액이 비싸다'라는 생각은 고객이 예상했던 안경구매 기준선 보다 더 요구되면 비싸다고 생각을 하십니다. 안경사들은 부담 없는 적절한 금액이 얼마일지를 생각하려 노력하고, 되도록 빨리 알아채려 합니다. 하지만 처방하는 눈 상태, 도수에 따라 금액이 더 초과할 수 있습니다. 이러한 경우는 적어도 안경사가 기준을 그어 마지노선을 안내하고 설득을 해야 합니다. 이때 현재 생활의 상식에 견주어 쉽게 합리적으로 결정을 내릴 수 있는 휴리스틱 기술을 사용합니다.

졸린 잠을 깨워주는 현대인의 필수품! 하루에 커피 한잔은 마시죠?

저도 커피를 참 좋아하는데요, 커피를 너무 많이 마셔 오후에는 디카페인 커피를 마십니다. 혹시 어떤 (브랜드) 커피 좋아하세요?

취업포털 사이트인 사람인에서 직장인 1,759명을 대상으로 커피 소비 행태에 대한 설문조사를 실시했는데요. 직장인 하루 평균 커피값은 4,178원, 한 달 평균 12만 원을 소비하는 것으로 나타났습니다.

저는 직원들 커피도 사주기 때문에 이것보다 훨씬 많은 금액을 소비할 것입니다.

대략 여러 브랜드 평균 커피 한잔을 3,500으로 잡으면 한달이면 105,000원, 1년이면 1,277,500원이라는 금액을 소비하게 됩니다. 생각보다 엄청난 금액이죠?

옛말에 몸이 천 냥이면 눈은 구백 냥이라고 하였습니다. 눈은 뇌와 연결되어 있어 생활과 직장 업무에 아주 중요 역할을 하는 신체 구조입니다. 여러분의 눈과 시력,

잘 관리하고 계신가요?

성인의 경우 안경을 한번 맞추면 1~2년 정도 사용하게 됩니다.

요즘 물가도 많이 올랐죠? 국내 안경렌즈 회사도 이번에 공급단가가 엄청나게 많이 올랐는데요.

안경을 10만원에 맞출 경우, 하루 비용 136원

안경을 30만원에 맞출 경우, 하루 비용 410원입니다.

여러분은 눈과 시력의 관리, 하루 한 잔 커피보다 더 중요합니다! 적어도 이 정도 안경렌즈 이상을 사용하셔야 시력과 빠른 적응이 가능하십니다. 한번 같이 시도해 보시죠.

위의 사례처럼 고객님의 생활 상식과 관련하여 내 말이 일리가 있다는 합리화의 증명을 해내야 합니다. 여러분들도 안경원에서 여러분들만의 스토리텔링으로 휴리스틱을 이용하여 빠른 안경구매로 이어지는 기술을 연마하시길 바랍니다.

👓 3. 구체화

아주 쉽게 구체적이고 직설적으로 설득하는 기술입니다. 원론적이거나 추상적이면 안 됩니다.

안경원에서 설명하는 직원들을 보면 눈에 관련하여 굉장히 어려운 전문 용어를 사용하며 상담하는 경우를 자주 볼 수 있습니다. 어떤 이는 전문적인 용어를 사용하여 안경사가 경험이 많고 전문가다운 모습을 보여주기 위해 사용하는 것이 좋다고 말할 수 있지만, 저의 견해로는 1~2번 정도는 괜찮지만 대화의 처음과 끝까지 너무 어려운 용어를 절대 사용하지 말라고 합니다.

세일즈 기법에 관련하여 참고했던 책인 장문정님의 저서인 '팔지마라 사게하라'의 책을 보면 구체화에 관련된 재미있는 예를 볼 수 있습니다.

추운 겨울 연말에는 재야의 종소리를 듣기 위해 종각으로 모여듭니다. 많은 상인들이 종각역 입구에서 손난로를 팔고 있었습니다. 그런데 한 상인이 외치는 멘트가 예술이었습니다.

"여자친구가 추워요"

남들은 흔히 "손난로 사세요. 2+1입니다" 이러한 식상한 멘트가 아니라, 마음을 콕 찌르는 한마디로 손님들을 끌어모았습니다. 이러한 아주 쉽게 직설적인 방법이 구체화 기술입니다.

저 같은 경우에도 시대의 흐름에 따라 SPA 옷 브랜드인 「유니클로」처럼 좋은 소재의 안경테를 직접 생각하여 합리적인 가격에 판매했던 적이 있었습니다. 어떤 단어를 사용해야 구체적이면서 직설적인 마케팅이 될 것인지 많이 고민하였습니다. 그래서 사용하게 된 용어는

'직접 만들어 팝니다. 안경공장 아이데코'

안경테 생산의 메카인 대구에서부터 안경체인을 시작하여 안경테 제조 공장들은 잘 알고 있었습니다. 그래서 주문식 생산이 가능했고, 이러한 구체적인 멘트 덕분에 많은 고객이 만족하셨고 전국에 많은 원장님이 뜻이 맞아 가맹하여 현재도 운영되고 있습니다.

하지만 눈을 다루는 전문분야인 안경에서는 너무 구체적이고 직설적인 용어를 사용하면 장사꾼으로 오해받을 수도 있다는 것도 많이 경험했습니다.

"싸다, 전국 최저가"

이러한 용어들은 보건의료인 안경사가 전문직보다 금전적인 것만 생각하는 장사꾼으로 보일 수 있으니 조심해야 합니다.

👓 4. 뒤집기

뒤집기 기술은 불리할 때 손바닥을 뒤집는 것처럼, 단점을 장점으로, 위기를 기회로 뒤집어 버리는 방법입니다. 일반적으로 이력서, 면접 때 자주 사용하는 것을 볼 수 있습니다.

"저의 단점은 성격이 급한 편입니다.
→ 하지만 업무를 할 때는 솔선수범하여 빠르게 행동을 합니다."
"저는 다중작업(멀티태스킹)이 잘 안됩니다.
→ 하지만 한 가지 일을 집중하여 빨리 처리할 수 있습니다."

이처럼 똑같은 말이고 상황인데 이것을 어떻게 바라보느냐, 어떻게 해석하느냐에 따라 전혀 다른 전달력을 갖게 하는 기술이 바로 '뒤집기'입니다.

안경에서도 뒤집기를 판매를 할 때, 또는 실수했을 때 다양하게 사용할 수 있는 기술입니다.

항상 모든 업무를 할 때 당황을 하면 이후 슬기로운 대처법이 생각이 나지 않으므로 항상 여유를 갖고, 도저히 상황판단이 안될 때는 "사장님께 여쭤보겠다. AS 관련하여 본사에 연락해보겠다. 업무 담당자에게 물어보고 오겠다." 등 시간을 벌어 여유를 갖고 응대 방법을 생각하면 슬기롭게 해결이 가능할 것입니다.

안경은 착용이 간편하고 썼다 벗었다가 쉬우므로, 보통 눈 수술과 많이 뒤집기로 비교됩니다.

30대 후반의 직장인이 최근 골프에 빠져 재미있게 취미생활을 즐기고 있습니다. 하지만 시력이 좋지 않아 두꺼운 안경으로 인해 자꾸 신경이 거슬린다고 합니다. 라식-라섹 굴절교정수술을 고민하던 찰나에 안경을 맞추러 안경원에 방문을 하였습니다.

"수술하면 안경 없이도 너무 좋죠. 골프를 칠 때에도 신경도 안 쓰이고 좋을 것입니다. 하지만, 수술에는 항상 부작용이 있습니다. 안구건조증이 대표적이죠. 신중하게 고려하시고 특히 40세부터는 가까운 것이 조금 불편해지는 노안이 오기 때문에 또 안경을 쓰셔야 할 수도 있습니다."

"안경은 썼다 벗었다가 쉬우므로 오히려 덜 흘러내리는 고글 타입의 안경이 스윙에 도움이 되실 수도 있습니다. 아니면 운동하시는 분들은 콘택트렌즈도 많이 착용하십니다. 저도 골프를 칠 때는 콘택트렌즈 끼고 칩니다"

안경원의 다른 예로, 너무 바빠서 안경 조제를 했는데 안경렌즈가 조금 작게 가공된 경우에도 뒤집기로 충분히 기회로 바꿀 수 있습니다.

"안경이 너무 타이트하게 가공되면 왜곡이 생겨 상의 질이 떨어지고 시간이 지나면 안경렌즈에 변형이 올 수도 있습니다. 약간의 유격은 허용이 되는 범위이며 오히려 안경테와 렌즈를 오랫동안 최상의 컨디션으로 사용하실 수 있습니다."

사람은 누구나 실수를 합니다. 하지만 이러한 뒤집기가 변명과 거짓만 늘어놓는 수단이 되어서는 안됩니다. 다양한 상황에서 얼마든지 뒤집기로 효과 좋은 판매와 응대까지 이어질 수 있습니다. 여러분들 안경원의 스토리에 맞게 찾아보시고, 위기를 기회로 슬기롭게 지나가고 성공하시길 응원합니다.

🕶 5. 제로 코스트(Zero Cost, 공짜 기법)

제로 코스트 효과(Zero-cost effect)는 더 큰 것을 얻기 위한 공짜 마케팅입니다. 월마트의 시식코너 운영으로 인해 매출이 8배 증가한 것처럼, 우유를 사면 치즈를 하나 붙여서 팔거나 하는 기술입니다.

안경원에서도 이러한 제로 코스트 기술을 많이 사용하고 있습니다. 한편으로는 너무 많이 주는 것은 아닌지 걱정할 때도 있습니다. 하지만 고객의 심리상 생각지도 못했던 유용한 물품을 더 준다고 하는데 마다할 고객이 어디 있을까요?

안경원에서의 대표적인 제로 코스트 기술은, 이 글을 쓸 때가 겨울이므로 김서림 방지 용품(또는 일정 금액 이상 구매 고객), 기본적인 것으로는 안경 수건(클리너), 콘택트 렌즈 보관 케이스 등이 있습니다.

이러한 물품 제공은 더 큰 것을 얻기 위한 공짜 마케팅이므로 상황에 맞게 적절하게 기술을 사용해야 하고, 안경원에서 조심해야 하는 사항으로는 안경사의 기술료 예를 들면, 안경 피팅, 코 받침 교체, 시력검사 등과 같은 전문 기술에 같은 사항은 제로 코스트 기법을 사용하기에는 거리가 멀고 오히려 안경사의 전문 고유 기술이 공짜처럼 보일 수 있으므로 더욱 신중해야 합니다.

▱▱ 6. 군중 이용

사람은 남이 하는 것을 따라 하는 것을 좋아합니다. 당연히 그렇게 해야 하고 공동체 활동에서는 어쩌면 당연하듯이 받아들이며 생활을 하고 있습니다.

      Monkey see, monkey do.

"남이 하는 것을 그냥 별 의미없이 따라하다. 그냥 보는 대로 모방하여 배우다"라는 영어 속담입니다.

맥도날드에서 판매하는 커피를 이용해 군중 이용 기술을 이용해 재미있게 실험하는 영상이 있습니다. 똑같은 커피를 4000원컵과 2000원 컵에 따르고, 총 7명의 고객에게 어떤 커피를 구매할 예정인지 물어봅니다. 여기에 6명은 연기자이고 맨 마지막 사람만 실제 초대한 참가자였습니다.

6명의 연기자는 거리낌 없이 4000원 커피를 마시겠다라고 대답을 하자, 맨 마지막 참가자도 약간의 표정변화를 보이면서 자연스럽게 "저도 4000원 짜리 커피를 마시겠습니다"라고 대답을 하였다.

인간은 상황에 지배받습니다. 내 눈앞에서 내가 직접 본 상황도 다른 무리 들의 행동에 의식의 영향을 받고 합리적인 결정에 오류가 생기며 자연스럽게 따라가는 심리, 군중 이용 기술은 어쩌면 공동체 생활에서는 당연한 마케팅 기법일 수 있습니다.

대표적인 군중 이용 기술은 홈쇼핑이나 쇼핑몰에서 흔히 볼 수 있습니다.

      "1억개 누적 판매, 홈쇼핑 10회 연속 매진, 5000명 구매 후기 평균 9.5점 이상!"

안경원에서도 이러한 군중 이용을 많이 사용하고 있습니다.

안경테 결정을 못 해 고민하는 고객에게 "이 모델 잘나갑니다. 가볍고 편해요."라고 하면 쉽게 긍정적으로 결정을 내립니다.

제가 운영 중인 안경원의 누진다초점렌즈를 맞춘 고객의 대략적인 수를 알아보니 약 2만명 정도 됩니다. 안경 맞춤 과정이 체계화, 정밀화가 되어있고, 직원들에게 주기적인 교육을 실시하기 때문에 누진렌즈가 불편해서 실패하는 클레임 확률은 1~2% 정도 밖에 되지 않습니다.

고객분들이 맞추실 때 공통으로 말씀하시는 "누진렌즈 쓰면 어지럽지 않아?"라고 하실 때 자주 군중 이용을 사용합니다.

> "한 달에 200명 맞추는데 어지럽지 않고 잘 보인다고 하면서 고맙다고 가십니다. 지금까지 2만명 맞추셨는데 잘 쓰시고 계속 오십니다. 어지러우면 저희가 팔 수 있겠습니까? 저희가 욕 먹지요 ㅎㅎ"

사람은 누구나 하는 것을 따라 하고 싶고, 주저하는 일도 남들이 하는 것을 보면 용기를 내서 시도할 수 있습니다.

여러분은 안경원에서 어떠한 군중 이용 기술을 사용하세요?

👓 7. 매도하기

모 아니면 도(All or nothing), 양자택일 같은 기술입니다.

양손에 정반대의 것을 올려놓고 한쪽을 강하게 비판하면서 깎아내리는 기술입니다.

로마시대부터 사용되는 아주 오래된 설득 기술로, 한쪽으로 의견 대립이 기우는 순간 내가 주장하는 쪽의 가치는 상대적으로 올라간다고 합니다.

이 방법은 안경원에서 사용하기에는 좋은 방법이 아닙니다. 나의 주장을 유리하게 받아들이기 위해 어느 한쪽을 불편하게 비판해야 하므로 실무에서는 꼭 필요한 경우에 가끔 사용하길 바랍니다.

이 매도하기 기술에는 2가지 원칙이 있는데,
- 1) 비판의 정도가 적당해서는 안된다. 비교 대상을 강하게 깎아 내려야 내 주장이 돋보인다.
- 2) 두 개의 속성이 비슷하면 안 된다. 엄마-아빠, 짜장-짬뽕, 비냉-물냉 등, 실패하기 십상이다.

GE의 전 회장 잭 웰치(Jack Welch)는 회의를 할 때마다 빼놓지 않고 직원들에게 경고를 날렸다고 합니다.

"Change or Die(변화할래? 아니면 죽을래?)"

보통 우리가 생각하기로 '변화하거나, 멈추거나' 이 정도로 할 수 있었지만, 본인이 주장하고자 하는 가치의 반대편을 아예 강하게 짓밟아버렸습니다.

저의 경우에는 안경원에서 고객이 잘못된 생각을 하고 계실 때 이 매도하기 기술을 사용합니다.

아이가 시력이 변하고 도수가 변해서 이번에 꼭 새로 맞추거나 안경렌즈를 교체해야 하는데 다음에 와서 하신다고 하면 장사의 이익을 떠나 참 안타까운 적이 많습니다.

"눈이 발달할 때는 그때그때 정확한 안경도수로 쓰는 것이 좋습니다. 다음에 오시면 지금보다 도수가 높아서 렌즈도 두껍고 굴절률도 높아져서 돈이 더 들 수도 있습니다."

안경렌즈의 코팅은 1~2년 주기의 내구성이 기본이기 때문에, 육안상 코팅 스크래치 또는 균열이 있으면 곧바로 교체해 줘야 합니다. 그렇지 않으면 난반사, 자외선의 침투, 피로 유발 등 불편이 생길 수 있습니다. 이렇게 오래되어 코팅이 문제 생긴 고객이 시력 변동이 없어 다음에 안경을 맞추겠다고 하는 경우에도 마찬가지입니다.

"이빨 때우려다가 나중에 임플란트 합니다.
3만원 아끼시려다가, 나중에 눈에 30만원 쓰실 수 있습니다."

여기에서 주의할 점은 위에서도 언급했듯이 다른 한쪽을 강하게 비판하기 때문에 상황에 맞게 사용하며, 절대 고객을 기분 나쁘게 만들면 안된다는 것입니다. 우리 안경원에 내원해서 나갈 때까지 좋은 인상만 심어주게 하는 것도 좋은 기술입니다.

8. 질문하기 (물어보기)

고객의 마음을 사로잡는 기술 8가지 방법 중 마지막 방법입니다.
앞에서 고객과의 커뮤니케이션은 크게 2가지로 나눌 수 있다고 했습니다.

'설명'과 '설득'

저는 앞에서 언급했던 7가지 기술보다 8번째 "질문하기" 기술이 대화와 설득의 핵심이라 생각합니다.
앞에서 나열했던 7가지 기술은 고객이 좀 더 쉽게 결정을 내리게 하고, 보다 장사와 판매가 잘되게 하는 마케팅 측면이 강합니다.
하지만 이 8번째 기술은 장사, 판매에 국한되지 않고 대화에 관련된 모든 범위에서 사용할 수 있으며, 특히 갑과 을이 바뀌는, 칼자루를 바꿔 쥐는, 대화의 주체가 바뀌는 마법을 경험할 수 있습니다.

이러한 질문하기의 장점으로는 다음의 세 가지를 들 수 있습니다.

- 1) 생각을 묻고 답하는 과정으로 서로 소통하도록 한다.
- 2) 질문에 대답하면서 적극적인 태도로 변하고 관심을 끌게 된다.
- 3) 질문으로 상대방의 생각을 헤아리고 내 대화의 방향과 목적을 잡게 된다.

질문의 방법에는 여러 가지가 있습니다.

질문의 방법	방법	안경관련 예
1) 선택형	• 쉽고 빠르게 선택하도록 하는 질문법 • 폐쇄형, 한정형 / 긍정과 부정 • 애초에 내가 원하던 답을 대답하게 하는 방법	아이가 시력이 나쁜데 안경을 빨리 쓰는 것이 좋을까요, 아니면 안쓰는 것이 좋을까요?
2) 비교형	• 단순한 선택을 넘어 듣는이가 적극적으로 생각, 행동하도록 하는 질문법	(다른 곳에서 맞추신)전에 쓰시던 안경보다 더 잘 보이시나요? 더 편하신가요? 전에 가셨던 안경원은 검사와 설명을 자세히 해주셨나요?
3) 수사적	• 상대방의 동의가 필요 없는 반어적 질문 • 굳이 대답하지 않아도 당연하기 때문에 질문 자체가 곧 답이 된다. • 부드럽게	• 아이의 눈을 위해 한달에 만원이 아깝습니까?
4) 견해	• 개방형 질문 중 가장 중요	• 제 말을 어떻게 생각하세요? • 안경을 멀리, 가까이 2개로 쓰는 것에 대해 어떻게 생각하세요?
5) 정보성	• 관련 정보를 알려주고 그 정보를 토대로 질문하는 방식	• 한국 10대 청소년 컴퓨터, 핸드폰 사용시간이 얼마나 될지 아시나요? 하루 평균 8시간 정도 사용한다고 합니다. • 블루라이트 차단 필수입니다.

종류별로 여러 가지 질문을 사용하며 검안과 응대를 하는 것이 중요하지만, 초보

자에게는 경험이 없어 어렵기 때문에 고객과의 대화에 적절한 질문을 꼭 사용한다는 마음을 먹고 응대를 하는 것이 좋습니다.

질문을 함으로 고객과의 소통이 되어 신뢰가 쌓이고 긴장이 풀어집니다. 오늘 처방의 목적 고객의 니즈를 물어보면서 적극적인 반응을 이끌어낼 수 있고, 나의 질문이 여러 가지 항목들 중에 오늘 나아가야할 방향과 범위를 적절하게 제공해 주기 때문에 중간중간 필요한 질문의 문답으로 필요한 대답을 얻는 것이 중요합니다.

설득의 기술이 없으면 설명만 해야 합니다. 시간도 오래 걸리고 고객은 과다한 정보로 고민만 더 하게 됩니다. 일반적인 안경사의 경우 고객이 원하시거나 잘 어울리것 같은 안경테를 추천하여 3가지 제품을 보여주고 판매가 이루어집니다. 하지만 적절한 설득의 포인트를 모르고 다양한 상품의 설명만 하면 "친절하다고 생각하시겠지. 제품을 많이 보셨으니 꼭 구매하시겠지."라는 착각에 빠지기 쉽습니다. 설명만 하는 직원의 경우는 안경원 진열대에 있는 안경테를 모두 보여주고도 결정을 못하고 다음에 오겠다는 고객을 자주 볼 수 있습니다.

사람에 관련된 업을 하는 사람은 대화하는 방법을 알아야 합니다. 또한 방문한 고객에게 서비스(검안, 조제, 피팅 등)와 상품을 판매하는 안경사는 고객의 마음을 알고 적절한 순간에 설득을 할 수 있는 본인만의 기술이 있어야 합니다. 없으면 열심히 노력하여 본인만의 기술을 만들어야 합니다. 원장님과 주변 안경사의 대화와 행동을 보고 모방으로 시작하여도 괜찮습니다. 설득의 기술의 맛을 보면 필요성을 알게 되고, 잘하는 안경사라면 본인에게 맞는 설득의 기술을 만들기 위해 노력할 것입니다.

> "여기 소개한 설득의 많은 기술 중에 내가 무엇을 쓸까? 나에게 부족한 것은 뭐지?"

지금 이 글을 읽고 한순간이라도 고민해 보신다면, 이 글의 값어치는 적절했다고 생각합니다.

또한 공부하고, 연습하고, 내 것을 만들어서 설득의 기술을 쓸 수 있게 되었다면, 이글의 값어치는 충분하고 한 사람의 진정한 설득의 고수 안경사를 만들었다는 기쁨을 느낄 것 같습니다.

고객의 마음을 사로잡아봅시다.

30년 안경원 임상 경험에서 축적된
지혜의 정수(essence)!

21살에 안경광학과를 졸업하고 첫 직장을 구했다. 여러 가지 상황 때문에 정말 어렵게 취직한 안경원이다. 걱정도 되고 기대도 되는 첫 출근날, 그날이 아직도 생생하게 기억이 난다.

처음 출근한 날 오후에 사장님이 갑자기 4박 5일 낚시를 떠난다고 하셨다.

"손 기사! 다 할 줄 알지?"

어린 나이에 아무런 경험 없이 그냥 현장에 투입되어 근무를 시작했으니 지금 생각하면 아찔한 첫 근무의 시작이었다. 아마 안경광학과를 졸업했으니 다 할 수 있을 거로 생각하셨던 것 같다. 사장님은 안경광학과를 졸업하지 않고 예전부터 업무를 하신 안경사였기 때문에 당연히 대학교를 졸업한 나를 모든 걸 다 배운 걸로 아셨던 것 같다. 앞이 캄캄했다. 하지만 내가 어떻게 할 수 있는 것은 아무것도 없었다. 이미 사장님은 낚시를 떠나신 뒤였다. 그때부터 나는 전화기를 잡고 실습을 먼저 해본 친구(동기)에게 물어보면서 시력검사, 안경 조제를 시작하게 되었다.

그 당시 학교에서도 안경광학과가 개설된 지 얼마 되지 않아 시력검사, 안경 조제를 제대로 실습을 해보지 못했기 때문에 어떻게 보면 현장에서 처음 시도하는 것이 당연한 듯했다. 그렇게 조금씩 조금씩 배우기도 하고, 혼자 연구도 하면서 안경사 일을 지금까지 꾸준히 해왔다.

지금은 30년이란 세월이 흘러 내가 사장이 되고, 수많은 직원을 고용해서 안경원을 운영하고 있다. 지금도 신입 안경사들을 고용해 보면 그때나 지금이나 별반 차이가 없는 것 같다.

학교에서는 안경사 국가고시 위주의 교육을 하고 있어서 임상 현장에 나오면 할 수 있는 것이 별로 없다. 내가 30년 동안 안경원을 경영하면서 아마 대한민국에서 제일 많은 직원을 대상으로 안경사 실무를 가르쳐 왔다고 생각한다.

나는 예전부터 기존 경험이 있는 경력자보다 초보자를 좋아한다. 초보자는 비록 서툴고 아무것도 모르지만, 가르쳐주는 이론과 실무적 경험을 잘 받아들인다.

이제 나의 안경사 경력을 정리하는 시점에 직원을 어떻게 가르쳐야 할지 고민하시는 수많은 안경원 원장님들과 어떻게 하면 안경을 맞추는 기초(기본)를 배우기 위해 참고할 수 있는 책을 찾는 초보 안경사들을 위해 이 책을 쓰게 되었다.

내가 지금까지 가르쳐 왔던 방법과 이론, 임상경험을 그대로 적었다. 이 내용을 토대로 특별한 클레임 없이 고객분들을 만족시키며 안경원을 여기까지 올 수 있었기 때문에, 나는 이 책에 나온 내용들이 상황에 따라 적절히 잘 맞을 것으로 생각한다. 부디 깊이 있게 몇 번을 정독하여 이 책의 안경 맞춤에 필요한 기초적인 내용들이 고객의 시력 건강을 위해 꼭 활용되기를 바란다.

내가 적은 이론은 학술적으로는 증명하기 어려울 수도 있지만, 나의 임상 경험을 바탕으로 적은 내용이다. 이론적 지식보다 임상경험에서 나오는 지혜(Clinical wisdom)로 봐주면 고맙겠다. 이 책을 보는 모든 분이 지식과 지혜를 겸비한 안경사가 되기를 바라면서 이 책을 마무리한다.

더불어 이 책을 집필하는 데 내가 부족한 학문적인 이론 부분에 많은 시간과 노력으로 도와준 김창진 안경광학 박사님께 진심으로 감사의 마음을 전한다.

안경사 *소 저환*

북큐레이션 • 판이 바뀌는 시대, 새로운 세상을 주도하는 이들을 위한 라온북의 책

《안경사의 기술》과 함께 읽으면 좋은 책. 기존의 경영이 통하지 않는 급변의 시대, 남보다 한발 앞서 미래를 준비하는 사람이 주인공이 됩니다.

장사를 하려면
경영학 책은
버려라

장사 교과서 ① 사장편

손재환 지음 | 18,000원

고객의 마음을 사로잡는 장사의 비법,
내가 나를 고용하는 장사의 가치를 확실히 깨닫고 추구하자

이미 규모 면에서 소박한 장사의 사이즈를 넘어선 사업을 운영하고 있지만, 본인의 정체성을 '장사'로 표현하기에 일말의 주저함이 없는 장사의 고수, 손재환 대표. 그 자신감과 그를 장사 고수의 경지에 이르게 한 원동력이 바로 이 책 《장사 교과서》(① 사장편) 속에 고스란히 녹아들어 있다. 초심을 잃지 않고, 본래의 가치에 충실한 장사란 어떤 것이며, 어떻게 업(業)의 생명을 길게 이어 나갈 것인지에 대한 모든 비밀을 이 책 속에서 찾아보자. 장사를 업으로 삼는 모든 이들의 곁에 둘 필독서로서 자신있게 권한다.

당신의 매장에
마법을 불어넣을
비법!

장사 교과서 ② 매장편

손재환 지음 | 18,000원

장사에 필수인 매장관리 기법의 정수를 숨김없이 공개한다.
경쟁 업체 사장에게 숨기고 싶은 책, 《장사 교과서 ②매장편》

바야흐로 장사의 전성시대이자 장사가 가장 고전하는 시대이다. 책과 방송, 유튜브를 비롯해 곳곳에서 장사에 관련된 콘텐츠들이 넘쳐나면서도, 반면 장사를 했다가 망하는 자영업자들이 이토록 넘쳐나는 시절이 있었던가 싶은, 대한민국 서민들의 깊게 팬 주름살 하나하나를 그대로 반영하는 삶의 풍속도가 우리 앞에 더없이 리얼하게 그려지고 있는 시대이다. 그리고 그 풍속도의 가장 정면에서 보이는 것이 바로 장사의 실제 현장, 매장이다. 따라서 이 책 《장사 교과서 ②매장편》은 그 매장을 가장 효율적이고 매력적이게, 그리고 매출 발생을 극대화할 수 있는 방식으로 집필되어 있다.

장사 교과서 ③ 고객편

손재환 지음 | 18,000원

고객만족을 위한 노력으로
성장의 한계를 극복하는 긍정 마인드!

이 책을 통해 장사를 시작하는 독자들이 얻을 수 있는 가장 소중한 프로의 자세라면 바로 '예민한 고객을 만족시키면 장사는 롱런한다'는 손재환 대표의 가르침이다. 결국 장사에서 고객, 사장, 직원은 매장이라는 공간 속에서 매매라는 행위를 위해 서로 함께할 수밖에 없는 존재들이다. 그리고 이 일상의 공간 속에서 나의 한계를 극복하는 자세를 갖출 수 있는 사람이 진정한 고수이자 프로이다. 삶의 현장 속에서 닥치는 고비를 스승으로 삼아 자신의 한계를 극복해 내는 손재환 대표의 자세를 통해 독자들도 새로운 장사의 단계로 한 걸음 나갈 수 있기를 바란다.

장사 교과서 ④ 직원편

손재환 지음 | 18,000원

노동 가능 인구는 줄어들고, 인건비는 오르고
직원과 사장이 함께 걷는 올바른 장사의 길은 무엇일까?

이 책의 핵심은 장사를 함에 있어 직원에게 어디부터 어디까지, 어떤 방식으로 일을 맡길 수 있는지, 직원의 능력은 어떻게 극대화할 수 있는지, 직원의 처우와 복지는 어떻게, 어떤 방식으로 해줘야 하는지 등의 세세한 문제를 실전 장사의 지점에서 발생하는 구체적 사례를 통해 설명한 데에 있다. 혼자 할 수 없는 장사라면 반드시 고민하게 되는 직원과의 상생 문제. 《장사 교과서 ④ 직원편》 속에서 그 명쾌한 해답을 찾아보기 바란다.